文部科学省
後援

情報検定
情報活用試験 2級

公式 テキスト

監修：一般財団法人 職業教育・キャリア教育財団

実教出版

　一般財団法人職業教育・キャリア教育財団（略称：TCE 財団）は，広く社会に対して職業教育・キャリア教育の振興に資する事業を行っており，その中核の一つとして，文部科学省後援情報検定（J 検）があります。

　J 検は，情報化社会を生きるうえで必要な「基礎力」と「思考力」を養成するというコンセプトのもと，発足以来 30 年以上にわたり実施されている文部科学省後援の検定試験です。これまで時代の変化に対応しつつ幾度かの改訂が行われており，現在は「使う―情報活用試験」，「創る―情報システム試験」，「伝える―情報デザイン試験」という各テーマに即した 3 つの独立した試験体系で実施されています。

　その中でも「使う」をキーワードとした「情報活用試験」はパソコン，ソフトウェアの利用はもちろん，ネットワーク環境，企業活動，情報モラル・セキュリティなど情報化社会を生きるうえで必要な基礎知識を幅広く網羅しており，1 級，2 級，3 級の各評価基準のもと情報リテラシー（利活用）能力を測定することができます。同時に J 検の教育内容は情報系国家試験対策や各教育段階での体系的な情報教育の一環として幅広く活用されています。また，社会人の学び直しや日常生活での正確な知識習得などさまざまな場面でも役立つものとなっております。

　本書の発刊にあたり「情報活用試験」公式テキストを学習された方々が，J 検へのチャレンジを通じて知識や能力を修得するとともに，年々高度化される情報化社会に主体的にかかわっていく姿勢を身に付けてくれることを期待しております。

　最後に，ご執筆にあたられた皆様に感謝の意を表し，今後も情報教育の現場においてご活躍されることを祈念しております。

令和 2 年
一般財団法人　職業教育・キャリア教育財団

目次●●●●●●●●●●

●文部科学省後援　情報検定・情報活用試験の試験案内 ———————— 6
●文部科学省後援　情報検定・情報活用試験　出題範囲 ——————— 8

第1章　情報の基礎 ………………………………………9

1　情報とは ———————————————————————— 9
　　データと情報／情報の特性／情報メディアの発展と歴史
2　コンピュータにおける情報の表現 ——————————— 12
　　ディジタルとアナログ／情報の単位／基数表現と数値の変換／論理演算／文字コード
3　問題を解決するための方法 ————————————————— 21
　　現状調査と情報の収集／問題の分析／問題の整理とモデル化
4　情報を処理するための手順 ————————————————— 24
　　情報システムの開発手順／アルゴリズムと基本3構造／アルゴリズムの図式表現／
　　データ構造
●章末問題 ———————————————————————— 29

第2章　パソコンの基礎 …………………………32

1　コンピュータの種類と機能 ————————————————— 32
　　いろいろなコンピュータとその利用／コンピュータの基本構成／コンピュータの動
　　作原理と基本単位
2　周辺装置の種類と役割 ——————————————————— 37
　　入力関連機器／出力関連機器／補助記憶装置／その他の装置
3　インタフェース ——————————————————————— 45
　　機器の接続／インタフェースの種類
4　オペレーティングシステム ————————————————— 49
　　オペレーティングシステムの目的と機能／オペレーティングシステムの種類／ファ
　　イルとディレクトリの管理
5　パソコンの利用と環境設定 ————————————————— 53
　　ソフトウェアの設定／パソコンの環境設定／ウィンドウの操作／ファイル形式とマ
　　ルチメディア／作業環境の安全性と快適性
●章末問題 ———————————————————————— 59

第3章　ネットワーク …………………………60

1　インターネットとは ———————————————————— 60
　　インターネットの歴史／インターネットサービスプロバイダの役割／インターネッ
　　トでできること
2　インターネットへの接続 —————————————————— 61
　　FTTH／CATV／テザリング／FWA／ADSL／その他の接続／契約方式について

3 ローカルエリアネットワーク —————————————— 64

LAN ／ LAN の特徴と目的／サーバ用 OS ／ネットワークの利用／ LAN の形態

4 LAN の構成要素 ——————————————————— 66

NIC（Network Interface Card）／ HUB（ハブ）／ケーブル／リピータ／ブリッジ
／ルータ／ゲートウェイ／ファイアウォール／ DMZ ／無線 LAN

5 プロトコル ————————————————————— 69

6 IP アドレス ————————————————————— 71

IP アドレス／ IP アドレスとドメイン名／サブネットマスク／プライベート IP アド
レス

7 サーバの種類 ———————————————————— 74

8 WWW の仕組みと利用 ———————————————— 74

WWW の仕組み／ Web ブラウザ／文字化け／ URL ／ブックマーク（お気に入り）
／検索サイト／プラグイン／ CGI ／ JavaScript ／ Cookie ／ java アプレット／ファ
イルの転送

9 電子メール（E メール）の仕組みと利用 ——————— 78

電子メールの仕組み／電子メールソフト／メールの送信／メールの受信／メールの
返信／添付ファイル／アドレス帳

10 インターネットを利用したサービス ————————— 81

メーリングリスト／ブログ／トラックバック／チャット／ Web メール／ホットス
ポットサービス／ ping ／ SNS ／グループウェア

11 HTML ——————————————————————— 82

HTML の基本構造／タグ／スタイルシート／障害者への配慮

●章末問題 —————————————————————— 88

第4章 アプリケーションの利用と活用…………90

1 表計算ソフトの使い方 ———————————————— 90

表計算ソフトの機能／ワークシートの使い方／関数の使い方／グラフの種類／表の
並べ替え，フィルタ／表の印刷

2 データベース ———————————————————— 112

リレーショナル型データベースの構成と基本操作／リレーショナル型データベース
の操作例／トランザクション処理と排他制御

3 その他のアプリケーションソフト —————————— 114

ワープロソフト／プレゼンテーションソフト／画像編集ソフト／ Web ブラウザ／
メールソフト／ CAD ソフト／オーサリングソフト／ DTP ソフト／ DTM ソフト／
動画編集ソフト

●章末問題 —————————————————————— 116

第5章 情報モラルと情報セキュリティ…………118

1 情報社会の特徴と問題点 ——————————————— 118

情報社会の特徴／情報社会の問題点

2　知的財産権と著作権 ——————————————————— 120
知的財産権／著作権／著作物の利用／ソフトウェアの著作権

3　情報モラルと法制度 ——————————————————— 123
情報モラルの重要性／インターネットを利用する際のルールやマナー／法制度の整備

4　情報セキュリティ ———————————————————— 128
情報セキュリティとは／情報資産と脅威／人的脅威／物理的脅威／技術的脅威／情
報セキュリティ対策／人的セキュリティ対策／物理的セキュリティ対策／技術的セ
キュリティ対策

●章末問題 ——————————————————————————— 137

第6章　情報社会とコンピュータ‥‥‥‥‥‥‥‥139

1　コンピュータネットワーク技術の進歩 ————————— 139
コンピュータの発達／ネットワークの発達／記録メディアの発達／人にやさしい情
報技術／新しい技術

2　社会の中のコンピュータシステム ——————————— 143
コンピュータシステムとは／いろいろなコンピュータシステム

3　生活の変化 —————————————————————————— 145
個人生活におけるインターネットの利用／多様化する利用端末／公共サービスの変化

4　ビジネスシステムの変化 ——————————————————— 150
商取引の変化／企業と情報処理システム／企業における情報通信技術（ICT）の活用

5　超スマート社会（Society5.0）に向けて ——————— 154
超スマート社会(Society5.0)とは／超スマート社会(Society5.0)で実現されること

6　企業の形態と企業活動 ——————————————————— 157
企業の形態／企業活動

7　経営の進め方と戦略 ————————————————————— 159
経営管理／経営組織／経営戦略／業務分析と業務計画／会計と財務／経営マネジメ
ント／労働・取引関連法規

8　プロジェクトマネジメント ———————————————— 173
プロジェクト／プロジェクトマネジメント／システム開発／ソフトウェアの開発モ
デル

9　サービスマネジメント ——————————————————— 181
IT サービスマネジメント／サービスサポート／サービスデリバリ／ファシリティマ
ネジメント

●章末問題 ——————————————————————————— 183

●章末問題　解説 ——————————————————————— 185
●索引 ———————————————————————————————— 194

一般財団法人職業教育・キャリア教育財団主催　文部科学省後援
情報検定・情報活用試験の案内

　　情報検定（J検）は，日常生活や職業生活において必要とされるあなたのICT能力を客観的基準で評価する文部科学省後援の検定試験です。

■ 実施要領

●ペーパー方式（全国一斉実施）
◇試験日

3級
2級　　年2回　（6月 12月）
1級

※団体受験のみを実施。

ペーパー方式の詳細は「検定試験センターのホームページ（URLは次ページに記載）」を確認のこと。

◇試験会場
　規定により指定された全国の教育機関など

● CBT方式（通年実施）
◇試験会場・日時
※団体受験と個人受験を実施。

団体受験：試験日時は自由に設定。
　　　　　　会場は出願団体の施設。
個人受験：指定の期日・会場で実施。
　　　　　　地域により異なる。

CBT方式の詳細は「検定試験センターのホームページ」を確認のこと。

●受験資格
　受験資格は特に定めない。

●区分と程度

3級：すでに環境設定されたパソコンを利用できる人を対象とする。
情報化に主体的に対応するための基礎的な知識。また，クライアント環境のパソコンの操作・利用と役割，機能，および情報の利用，情報モラル，セキュリティなどに関わる基礎知識。

2級：情報化社会での企業活動を理解するための基礎的な知識を持っている人。また，ネットワークに接続されたパソコンを利用し，業務ができる人を対象とする。
情報社会の仕組みを理解するための基礎的知識。また，クライアント環境のコンピュータと各種機器の役割と機能，環境設定の基礎知識，ソフトウェアの種類と機能，インターネットおよび情報モラルと情報セキュリティなどの基礎知識。

1級：ネットワーク化された環境において，情報機器の設定や操作，活用における基本的な知識と技能を持つ人。さらに情報の加工や活用ができ，情報化および情報社会の中に関わっていく人を対象とする。
情報化社会で生活するための実践的能力を評価する。ネットワーク環境にあるコンピュータと各種機器の役割，アプリケーションソフトを活用した問題解決技法と知識，情報化社会に関わる諸問題および情報セキュリティに対応できる応用知識。

●**試験科目・試験時間・配点**（時刻はペーパー方式。受験案内参照）

級	説明時間	試験時間		合格点/配点
3 級	10：00～10：10	10：10～10：50	40分	70/100
2 級	11：05～11：15	11：15～12：15	60分	65/100
1 級	13：20～13：30	13：30～14：30	60分	65/100

●**出題形式**

多肢選択方式

●**各級の合格点（100点満点）**

3 級……70点

2 級……65点

1 級……65点

●**合否結果・合格認定**

合否結果はすべて Web 上で行う。

合格者には，デジタル合格証を交付する。

詳細は「検定試験センターのホームページ」参照。

●**表彰**

成績優秀者には次の表彰をする。

文部科学大臣賞（1 級のみ）

一般財団法人職業教育・キャリア教育財団理事長賞・優秀賞

● J 検に関する問い合わせ先

一般財団法人

職業教育・キャリア教育財団

検定試験センター　J 検係

〒102-0073 東京都千代田区九段北 4 - 2 -25

TEL. 03-5275-6336　FAX. 03-5275-6969

https://jken.sgec.or.jp/

《注：内容が変更になる場合があります。受験の際は必ず「情報検定（J 検）ホームページ」にて，検定実施要項等をご確認ください。》

情報活用試験出題範囲

2 級

受験対象	情報化社会での企業活動を理解するための基礎的な知識を持っている人。また，ネットワークに接続されたパソコンを利用し，業務ができる人を対象とする。
評価内容	情報社会の仕組みを理解するための基礎的知識。 また，クライアント環境のコンピュータと各種機器の役割と機能，環境設定の基礎知識，ソフトウェアの種類と機能，インターネットおよび情報モラルと情報セキュリティなどの基礎知識。

出題分野(大項目)	出 題 概 要
経営戦略とシステム戦略	●経営戦略とシステム戦略の基礎的知識について理解する。 ①企業活動（コーポレイトガバナンス，損益分岐点，個人情報管理，在庫管理，QC） ②経営戦略（マーケティング分析，PPM，競争地位分析，BSC，SWOT 分析，コアコンピタンス，アライアンス） ③情報システム戦略（ERP，CRM，KM，SFA，DSS，POS，e ビジネス，PDCA，クラウドコンピューティング）
プロジェクトマネジメント	●プロジェクトマネジメントに関する基礎的知識について理解する。 ①プロジェクトマネジメント（ステークホルダ，PMBOK，WBS，PERT） ②サービスマネジメント（BCP，SLA，インシデント管理） ③システム開発マネジメント（ファンクションポイント法，システム開発手法，モジュール分割技法，テスト技法）
データ構造と情報表現	●コンピュータにおける情報表現とデータ構造について理解する。 ①データと情報 ②コンピュータにおける情報の表現 ③データ構造と操作
問題解決処理手順	●問題解決技法について理解する。 ①問題を改善するための方法 ②基礎的なモデル化の方法 ③情報を処理するための基礎的な手順
パソコンの基礎	●パソコンの仕組み，および情報の表現について理解する。 ①コンピュータの種類，および動作原理 ②周辺機器の種類と役割 ③ファイルシステムの基礎知識 ④パソコンの利用環境，および環境設定 ⑤ヒューマンインタフェース ⑥マルチメディア ⑦データベース
インターネットの基礎	●インターネットの利用や基礎的な仕組みについて理解する。 ①インターネットの利用形態 ②インターネットの基礎的な仕組み ③インターネットの接続 ④ Web ブラウザや電子メールソフトの基礎的な活用 ⑤情報セキュリティ
アプリケーションソフトの利用	●表計算ソフト等を用いた問題解決について理解する。 ①表計算ソフトの基本的な使い方 ②プレゼンテーションソフトを用いた，効果的なプレゼンテーション

アプリケーションソフト等の扱いについて

1 級では，情報活用に関連する操作・取り扱いについての問題も出題されます。
2 級では，原則として【HTML・表計算・プレゼンテーション】にもとづいた問題も出題されます。
3 級では，原則として【プレゼンテーション・ワープロ・Web ブラウザ・メーラー，PC 基本操作】にもとづいた問題も出題されます。

第 1 章

情報の基礎

1 情報とは

1 データと情報

　現代は高度情報化社会と呼ばれ，私たちの身の回りにはたくさんの情報があふれている。パソコンの普及やインターネットの発展によって，情報を簡単に入手，利用し，さらには発信することができるようになった。インターネットが普及する以前は，情報を発信するためにはテレビ，ラジオ，新聞，書籍といったメディアを利用する必要があり，大きな手間やコストが必要であった。それがインターネットの普及によって，個人のレベルでも簡単に情報発信ができるようになったのである。

　しかし，大量に存在する情報は必ずしも有益なものだけとは限らない。ある人にとって利用価値のある情報が，別の人には不要であったり有害であるケースも起こりえる。情報の価値は受け手によって変わるものである。現在のように多くの情報が氾濫している社会では，正しい情報，自分にとって価値のある情報をきちんと見極め，取捨選択できる能力が求められている。あわせて情報の活用・取扱いについてのマナーやルールを守り，責任ある行動をとることが大切になってくる。

　情報という言葉に似た概念として，データという言葉がある。日常生活の中では，情報とデータという言葉を明確に区別して用いることはあまりないが，**日本産業規格（JIS）**では情報処理用語として，これらの言葉がきちんと定義されている。

JIS（Japanese Industrial Standard）

JIS 規格番号	名　称	意　味
JIS X 0001 （情報処理用語）	情　報	事実，事象，事物，過程，着想などの対象物に関して知り得たことであって，概念を含み，一定の文脈中で特定の意味を持つもの。
	データ	情報の表現であって，伝達，解釈または処理に適するように形式化され，再度情報として解釈できるもの。

図表 1.1　情報とデータの意味

わかりやすくいうと，データとは情報を表現するために事実や現象を数字・文字・形・色などで表現したものである。一方，情報とはデータを整理・分析・加工することによって得られた新しい知識や価値であるといえる。さらに得られた情報を加工することによって，また別の情報を作り出すことも可能になる。

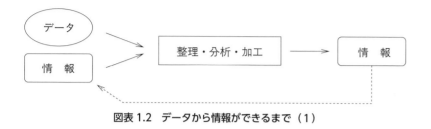

図表 1.2　データから情報ができるまで（1）

　たとえばテストの成績管理を考えてみる。生徒の氏名，学籍番号，科目，点数のような個々の値はデータである。これらのデータを加工することによって，平均点，得点分布，偏差値，順位などの情報が生み出される。さらに，得られた情報をより深く分析することによって，科目間の相関関係や問題別の傾向分析など，また新たな情報を生み出すことも可能になるのである。

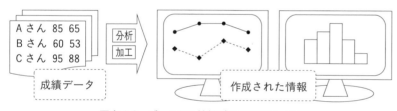

図表 1.3　データから情報ができるまで（2）

2　情報の特性

　情報は正しく活用すれば，大変便利なものである。得られた知識を生かして生活を豊かにすることができる。しかし，扱い方を間違えれば問題も起きる。金銭的な損失を受けたり，他人に迷惑をかけたり，法に触れたりする危険性もある。情報の特性をよく理解し，情報を正しく有効活用することが大切である。このような能力を**情報リテラシー**という。

1　情報は保存できる

　情報は保存することが可能であり，あとで必要なときに取り出すことができる。メモを書いて残す，映像をハードディスクに録画する，写真をDVDに保存するなど，さまざまな記録方法が日常よく見かけられる。

2　情報は伝達できる

　情報には発信者と受信者がいる。電話や手紙，電子メールなどを利用

して，情報を相手に伝えることができる。インターネットの普及によって，情報の広まり方，伝わり方は格段に速くなったといえる。

③ 情報は複製できる

情報は複製することができる。特にコンピュータで扱うディジタル情報は，オリジナルと完全に同一の情報を短時間で容易に複製できる。

④ 情報の価値は個別的である

同じ情報であっても，受信者によってその価値は異なる。したがって，情報を発信する場合は，相手の状況，使用目的などを考慮する必要がある。

3　情報メディアの発展と歴史

情報メディアとは，情報を記録したり，伝達したりするための媒体（手段）のことである。人間は有史以来さまざまな方法で情報を記録・伝達してきた。古代エジプトやギリシャでは，植物の一種である**パピルス**に文字を記した。1450年頃，グーテンベルクによって活版印刷が発明されると，大量の書籍が出版され，新聞が発行された。印刷メディアの誕生である。1800年代に入ると電信技術が発達し，1837年には電信が，1876年には電話が発明された。その後，1893年に映画，1900年にラジオ，1925年にはテレビが誕生し，通信や放送といったメディアが確立した。さらに歴史を重ね，1946年には世界初のコンピュータが，そして1977年にはパソコンが誕生する。1990年代に入ると，インターネットが一般家庭で利用されるようになる。パソコンとインターネットが急速に普及したことによって，従来の印刷・通信・放送・映像といったメディアは統合され，新たにマルチメディアという概念が誕生した。こうして歴史を振り返ると，コンピュータを中心としたディジタル技術が非常に短期間に発展してきたことがうかがえる。

パピルス（Papyrus）：水生植物の一種。紙（paper）の語源

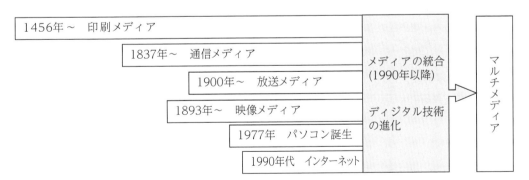

図表 1.4　情報メディアの発展

2 コンピュータにおける情報の表現

1　ディジタルとアナログ

　自然界にあるほとんどのものは情報が連続的に変化する。たとえば,光,色,音,風,温度,気圧などである。人間が見たり感じたりするこれらの自然現象は,その状態が連続的に変化している。このような情報を**アナログ情報**という。人間を含めた生命体や自然界はアナログの世界である。

　一方,コンピュータは**ディジタル情報**を処理する機械である。コンピュータは電子回路や磁性体などの部品から構成されており,これらの機械は,電流が「流れる」「流れない」,電圧が「高い」「低い」,磁化の方向が「N」または「S」のように,2つの状態を表すのに適している。2つの状態は便宜的に「0」と「1」という2値（数値）に置き換えて表現することができ,このような情報をディジタル情報という。ディジタル情報は,アナログ情報とは異なり不連続（断続的）である。

ディジタル信号　　　　　　　アナログ信号

図表 1.5　ディジタルとアナログ

2　情報の単位

　コンピュータで取り扱う情報は,次のようなデータが組み合わされてできている。

図表 1.6　コンピュータで取り扱う情報

　これらの情報は,コンピュータの内部ではすべて0と1の2つの値だけで表現されている。このような表現法を**2値表現**という。また0と1の組み合わせによって表現された数値を**2進数**という。

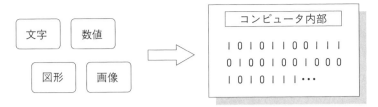

図表 1.7　コンピュータ内部のデータ表現

ディジタル情報を表現するときの 1 桁の 0 や 1 のことを**ビット**といい，これが情報表現の最小単位となる。またビットを 8 個まとめたものを**バイト**という。バイトは記憶容量などを表す基本単位となる。

1 ビットは 1 桁であるから，0 または 1 の 2 通りの状態を表現できる。これが 2 ビットになると，00，01，10，11 の 4 通りの状態を表現できることになる。このように，ビットの数を増やすことで，表現できる情報の種類を増やすことができる。一般に，n ビットで表現できる情報の種類は 2^n 通りである。

1 バイトの情報量について考えた場合，1 バイトは 8 ビットであるから $2^8 = 256$ 通りの情報を表現できることになる。英字，数字，半角カナ，記号など（いわゆる半角文字）はすべて合わせても，256 種類以下であることから，半角 1 文字は 1 バイトで表現できる。

ビット (bit : binary digit)

バイト (Byte)

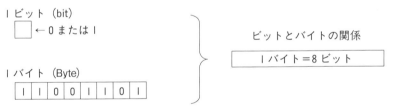

図表 1.8　ビットとバイト

■ 3 ■ **基数表現と数値の変換**

人間の世界では，数値を表現するときに 10 進数を用いるのが普通である。10 進数とは 0 から 9 までの 10 個の数字を組み合わせて数を表現する方法であり，10 という大きさを基準に位取りを行う。位取りの基本となる数字を**基数**といい，基数の整数乗を**重み**という。たとえば 518 という数は次のように表現でき，10^2，10^1，10^0 がそれぞれ重みとなる。

基数

$$518 = 5 \times 10^2 + 1 \times 10^1 + 8 \times 10^0$$

図表 1.9　10 進数の表記と重み

コンピュータの情報は2進数で表されるが，この2進数を効率よく表現するために**8進数**と**16進数**という表記もよく利用される。8進数は，0から7までの8種類の数字を組み合わせて表現された値である。16進数は，0から9までの数字およびAからFまでの英字，合わせて16種類の文字を組み合わせて表現された値である。16進数の中には英文字が含まれるが，計算上，数値としての処理が必要な場合は，A~Fをそれぞれ10~15の値に置き換えて計算する。2進数，8進数，16進数と10進数の対応は次のようになる。

10進数	2進数	8進数	16進数
0	0	0	0
1	1	1	1
2	10	2	2
3	11	3	3
4	100	4	4
5	101	5	5
6	110	6	6
7	111	7	7
8	1000	10	8
9	1001	11	9
10	1010	12	A
11	1011	13	B
12	1100	14	C
13	1101	15	D
14	1110	16	E
15	1111	17	F
16	10000	20	10
17 ⋮	10001 ⋮	21 ⋮	11 ⋮

図表 1.10　10進数，2進数，8進数，16進数対応表

　この対応表から，たとえば10進数の12は2進数では1100，8進数では14，16進数ではCであることがわかる。このとき何進数であるかを明示するために，数字の右下に基数を入れる表記法がよく用いられる。

$$(12)_{10} = (1100)_2 = (14)_8 = (C)_{16}$$

図表 1.11　n進数の表記

$(1100)_2$ を $1100_{(2)}$ のように表記することもある

① 2進数，8進数，16進数から10進数への変換（整数）

数値の各桁に基数の重みをかけて，その総和を求めると10進数が得られる。たとえば2進数の場合，基数の重みは次のように最下位（右端）の位から2の0乗，2の1乗，2の2乗……のようになる。

重　み	2^8 (256)	2^7 (128)	2^6 (64)	2^5 (32)	2^4 (16)	2^3 (8)	2^2 (4)	2^1 (2)	2^0 (1)

図表 1.12　2進数の桁と重み

① 2進数→ 10進数 ....

$$(11010)_2 = 1 \times 2^4 + 1 \times 2^3 + 0 \times 2^2 + 1 \times 2^1 + 0 \times 2^0$$
$$= 16 + 8 + 0 + 2 + 0$$
$$= (26)_{10}$$

② 8進数→ 10進数 ....

$$(147)_8 = 1 \times 8^2 + 4 \times 8^1 + 7 \times 8^0$$
$$= 1 \times 64 + 4 \times 8 + 7 \times 1$$
$$= (103)_{10}$$

③ 16進数→ 10進数 ....

$$(2BF)_{16} = 2 \times 16^2 + B \times 16^1 + F \times 16^0$$
$$= 2 \times 256 + 11 \times 16 + 15 \times 1$$
$$= (703)_{10}$$

② 10進数から2進数，8進数，16進数への変換（整数）

10進数を求めたい基数2，8，16で割算し，商と余りを求める。この計算を商が0になるまで繰り返し，最後に余りを下から並べると変換値が求まる。

① 10進数→ 2進数 ....

$$
\begin{array}{rl}
2\underline{)26} & \text{（余り）} \\
2\underline{)13} & \cdots\ 0 \\
2\underline{)\ 6} & \cdots\ 1 \\
2\underline{)\ 3} & \cdots\ 0 \\
2\underline{)\ 1} & \cdots\ 1 \\
0 & \cdots\ 1
\end{array}
$$

余りを下から並べる　→　$(11010)_2$

② 10進数→ 8進数 ....

$$
\begin{array}{rl}
8\underline{)103} & \text{（余り）} \\
8\underline{)\ 12} & \cdots\ 7 \\
8\underline{)\ \ 1} & \cdots\ 4 \\
0 & \cdots\ 1
\end{array}
$$

余りを下から並べる　→　$(147)_8$

③ 10 進数 → 16 進数 ···

```
16)703      （余り）
16) 43 ⋯  15 （→F）    ↑
16)  2 ⋯  11 （→B）
      0 ⋯   2        余りを下から並べる  →  (2BF)₁₆
```

③ 2 進数と 8 進数の相互変換（整数）

2 進数を最下位桁から 3 ビットずつ区切っていき，それぞれの 2 進数を 8 進数に置き換える。なお，8 進数を 2 進数にしたとき 3 桁に満たない場合は上位に 0 を補う。

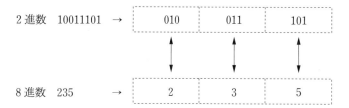

```
2 進数  10011101  →   010   011   101
                      ↕     ↕     ↕
8 進数  235       →    2     3     5
```

④ 2 進数と 16 進数の相互変換（整数）

2 進数を最下位桁から 4 ビットずつ区切っていき，それぞれの 2 進数を 16 進数に置き換える。なお，16 進数を 2 進数にしたとき 4 桁に満たない場合は上位に 0 を補う。

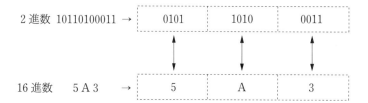

```
2 進数  10110100011  →   0101   1010   0011
                         ↕      ↕      ↕
16 進数   5 A 3       →    5      A      3
```

⑤ 8 進数と 16 進数の相互変換

8 進数と 16 進数を直接変換するのは複雑になるので，一度 2 進数に直してから変換する。いったん 10 進数に直す方法もあるが，2 進数に置き換えるほうが計算は簡単である。

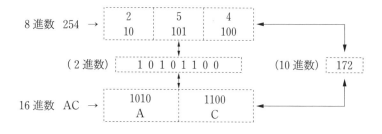

```
8 進数  254  →   2     5     4
                10    101   100

（2 進数） 1 0 1 0 1 1 0 0      （10 進数）  172

16 進数  AC  →  1010   1100
                A      C
```

4   論理演算

コンピュータで行う演算は算術的な計算だけではない。条件の真偽を判定して**真理値**を得るものがあり，このような演算を**論理演算**という。ある命題に対する真理値は，「真」か「偽」か，という2つの状態で表せる。論理演算ではこれをビットの1（真）と0（偽）に対応させる。真理値は1ビットで表現できる情報である。論理演算の種類には，論理積，論理和，否定，排他的論理和，否定論理積，否定論理和がある。それぞれの演算をベン図および真理値表で表すと，次のようになる。

真理値：条件を判定した結果のことで「真または偽」のどちらかの値をとる。「Yesまたは No」，「True または False」と表記することもある

①　論理積（AND）

2つの入力値AとBがともに真のとき，結果が真となる演算である。「AでありかつBである」という意味を持ち，**AND演算**ともいう。記号「・」を使って「A・B」のように表す。

論理積
AND

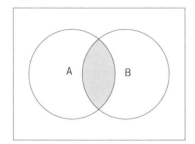

A	B	論理積 A・B
0	0	0
0	1	0
1	0	0
1	1	1

図表 1.13　論理積の真理値

②　論理和（OR）

2つの入力値AとBのうち，少なくとも一方が真のとき，結果が真となる演算である。「AであるかまたはBである」という意味を持ち，**OR演算**ともいう。記号「＋」を使って「A＋B」のように表す。

論理和
OR

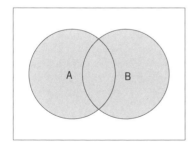

A	B	論理和 A＋B
0	0	0
0	1	1
1	0	1
1	1	1

図表 1.14　論理和の真理値

③ 否定（NOT）

　真理値の値を否定する（逆にする）演算である。「Ａでない」という
意味で，**NOT 演算**ともいう。記号「￣」を使って「$\overline{A}$」のように表す。

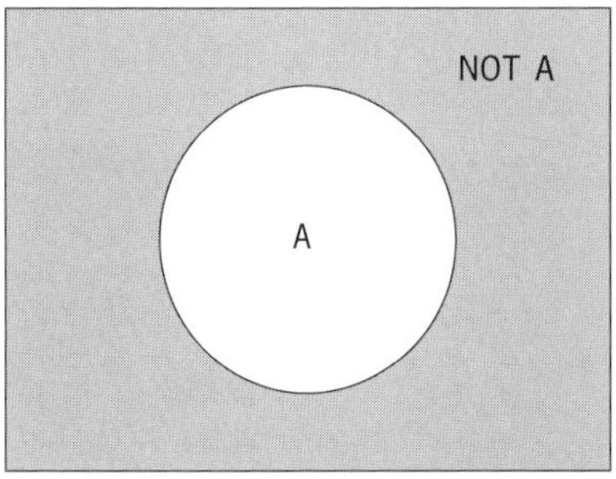

否定
NOT

A	否定 $\overline{A}$
0	1
1	0

図表 1.15　否定の真理値

④ 排他的論理和（XOR，EOR）

　２つの入力値ＡとＢの真理値が異なる値のときに（ＡとＢが排他的
な関係のときに），結果が真となる演算である。**XOR 演算，EOR 演算**
ともいう。記号「⊕」を使って「A⊕B」のように表す。

排他的論理和（Exclusive
OR）
XOR
EOR

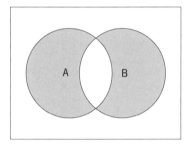

A	B	排他的論理和 $A \oplus B$
0	0	0
0	1	1
1	0	1
1	1	0

図表 1.16　排他的論理和の真理値

⑤ 否定論理積（NAND）

　論理積の否定演算である。ＡとＢがともに真のときだけ，結果が偽
となる演算である。**NAND 演算**ともいう。

否定論理積
NAND

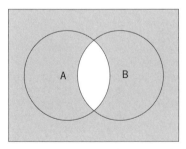

A	B	否定論理積 $\overline{A \cdot B}$
0	0	1
0	1	1
1	0	1
1	1	0

図表 1.17　否定論理積の真理値

⑥ 否定論理和（NOR）

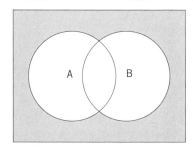

論理和の否定演算である。ＡとＢがともに偽のときだけ，結果が真となる演算である。**NOR 演算**ともいう。

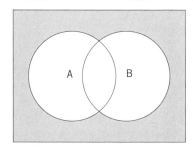

A	B	否定論理和 $\overline{A+B}$
0	0	1
0	1	0
1	0	0
1	1	0

図表 1.18　否定論理和の真理値

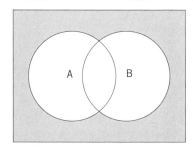

否定論理和
NOR

5　文字コード

文字コード

文字データは，英字，数字，記号，カタカナ，ひらがな，漢字などで構成される。英字，数字，記号，カタカナ（半角）は，1 バイトで 1 文字を表現できる（一般に半角文字と呼ばれるものである）。ひらがな，カタカナ（全角），漢字はあわせると種類が多いため 2 バイト（16 ビット）を必要とする（これは全角文字と呼ばれる）。コンピュータで扱う

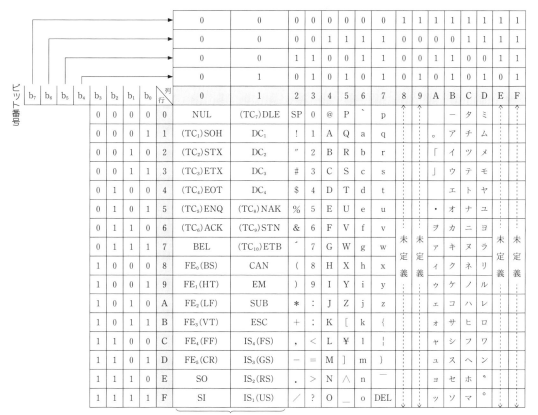

列/行	0	1	2	3	4	5	6	7	8	9	A	B	C	D	E	F
0	NUL	(TC₇)DLE	SP	0	@	P	`	p				―	タ	ミ		
1	(TC₁)SOH	DC₁	!	1	A	Q	a	q			。	ア	チ	ム		
2	(TC₂)STX	DC₂	″	2	B	R	b	r			「	イ	ツ	メ		
3	(TC₃)ETX	DC₃	#	3	C	S	c	s			」	ウ	テ	モ		
4	(TC₄)EOT	DC₄	$	4	D	T	d	t			、	エ	ト	ヤ		
5	(TC₅)ENQ	(TC₈)NAK	%	5	E	U	e	u			・	オ	ナ	ユ		
6	(TC₆)ACK	(TC₉)STN	&	6	F	V	f	v			ヲ	カ	ニ	ヨ		
7	BEL	(TC₁₀)ETB	´	7	G	W	g	w	未定義	未定義	ァ	キ	ヌ	ラ	未定義	未定義
8	FE₀(BS)	CAN	(	8	H	X	h	x			ィ	ク	ネ	リ		
9	FE₁(HT)	EM	)	9	I	Y	i	y			ゥ	ケ	ノ	ル		
A	FE₂(LF)	SUB	*	:	J	Z	j	z			ェ	コ	ハ	レ		
B	FE₃(VT)	ESC	+	;	K	[	k	{			ォ	サ	ヒ	ロ		
C	FE₄(FF)	IS₄(FS)	,	<	L	¥	l	¦			ャ	シ	フ	ワ		
D	FE₅(CR)	IS₃(GS)	−	=	M	]	m	}			ュ	ス	ヘ	ン		
E	SO	IS₂(RS)	.	>	N	∧	n	‾			ョ	セ	ホ	゛		
F	SI	IS₁(US)	／	?	O	_	o	DEL			ッ	ソ	マ	゜		

機能コード

図表 1.19　JIS X 0201　8 ビットコード表

すべての文字には**文字コード**があり，ビットの並びと個々の文字の対応関係が定められている。

文字コード	ビット数	概要	
ASCII コード (アスキー)	7 ビット	ASCII コード（American Standard Code for Information Interchange）は，1963 年に米国規格協会（**ANSI**）によって制定された。94 個の印刷可能な文字と 34 個の制御文字(タブ，改行等)の，合わせて 128 文字を定めている。	**ANSI**（American National Standards Institute）
ISO 646	7 ビット	国際標準化機構（**ISO**）が ASCII コードをもとに，国際標準規格として制定。128 文字中 12 文字までは国ごとの事情で文字を入れ替えることが認められたため，各国版の ISO 646 が存在している。	**ISO**（International Organization for Standardization）
JIS X 0201	7 ビット/ 8 ビット	日本産業規格（**JIS**）が制定した 1 バイトの文字コード。ASCII（ISO 646）に準拠しているが，日本で独自に規定した「¥」や半角カナが含まれる。	**JIS**（Japanese Industrial Standards）
JIS X 0208 (JIS 漢字コード)	16 ビット	日本産業規格が制定した 2 バイトの文字コード。1997 年に改正された規格では，第 1 水準漢字 2965 字，第 2 水準漢字 3390 字，非漢字 524 字の合わせて 6879 文字が規定されていた。	
シフト JIS コード	16 ビット	米マイクロソフト社が制定した日本語文字コード。Windows パソコンが内部コードにシフト JIS コードを採用したため，事実上，パソコンの標準コードとして普及した。	**シフト JIS コード**
日本語 EUC	可変長/ 固定長	UNIX 系 OS の標準文字コードである。文字種によって 1～3 バイトの可変長となる EUC 圧縮フォーマットと，すべての文字を 2 バイトで表す EUC2 バイト固定フォーマットがある。	**EUC**（Extended UNIX Code）：拡張 UNIX コード
Unicode	複数規格 あり	世界各地域の文字を単一の文字集合で扱うという発想から制定された文字コードである。複数のコンピュータ企業が参加する Unicode コンソーシアムという組織で開発された。JIS の第 1 水準，第 2 水準には入っていない多くの漢字が含まれている。文字符号化方式には可変長（8～32 ビット）の UTF-8，固定長（16 ビット）の UTF-16 などがある。	**Unicode**

図表 1.20　文字コードの種類

3 問題を解決するための方法

1 現状調査と情報の収集

　仕事の現場では，さまざまな問題が発生する。発生した問題を正しく
解決するためには，正確な調査・分析および解決の手順が必要となる。
一般的には，①現状を調査し問題点を整理する，②問題点の原因を分析
する，③解決案を具体的に検討し解決手順を実行する，という流れが必
要になる。問題の状況を正しく把握するためには，情報の収集が不可欠
である。情報を収集するための手法には，次のようなものがある。

1 資料調査

　新聞，書籍，論文，報告書，各種統計資料など，文献や資料から情報
を収集する方法である。担当者が単独で調査できるため，比較的手軽に，
広範囲の内容を調査することができる。

資料調査

2 面接調査（インタビュー，ヒアリング）

　関係者や現場の担当者と，直接対話をしながら情報を収集する方法で
ある。資料だけでは知ることのできない事実や本音が，収集できる場合
もある。個別面接，グループ面接，電話などいくつかの形態があるが，
調査したい内容に応じて対象者を適切に選別することが重要である。

面接調査

3 アンケート調査

　調査用紙の質問に回答してもらうことで，情報を収集する。配布，回
収，集計など作業に手間のかかる部分はあるが，全体の傾向が把握でき，
定量的な分析ができるというメリットがある。

アンケート調査

4 ブレーンストーミング

　複数のメンバーでグループを作り，自由に意見を出し合いながら，ア
イデアをまとめていく討議方法である。進行役（リーダー）を中心に，テー
マに対しなるべく多くの意見を出すことを目的とする。ブレーンストー
ミングには，次の4つのルールがある。

　①　他人の意見を批判してはいけない。
　②　自由奔放に意見を出し合う。突飛な意見も歓迎する。
　③　質より量を重視し，できるだけ多くの意見を出し合う。
　④　他人の意見に便乗してもよいし，アイデア同士を結合してもよい。

5 バズセッション

　複数のグループに分かれて，意見を出し合う討議方法である。メンバー
全体を少人数のグループに分け，各グループが同じテーマについて討議
を行う。グループごとに見解をまとめ，グループリーダーがそれぞれの
見解を発表し，全体討議を行うという形態である。

バズセッション

2　問題の分析

　問題点に関する情報が収集できたら，次に行うことは情報を整理して分析することである。分析手法には次のようなものがある。

1　ディシジョンテーブル（決定表）

　いくつかの条件によって行動が決まるときに，条件と行動の組み合わせを「表」で表したものをディシジョンテーブルという。表は上下2段に分かれ，上段に条件を設定する。条件に合致する場合はY（Yes），合致しない場合はN（No）となる。下段は行動を設定する欄であり，条件の組み合わせに合致する行動に×を入れる。条件を正しく設定することで，行動のチェック漏れを防ぐことができる。

条件	資格Aを取得している	Y	Y	Y	Y	N	N	N	N
	資格Bを取得している	Y	Y	N	N	Y	Y	N	N
	実務経験3年以上	Y	N	Y	N	Y	N	Y	N
行動	午前試験免除	×	×	×					
	受験許可				×	×	×	×	
	受験資格なし								×

図表 1.21　ディシジョンテーブル

2　ディシジョンツリー（決定木）

　条件と行動の関係を，図解によって表したものをディシジョンツリーという。条件と行動の関係が木の枝のように伸びていくので，ディシジョンツリーと呼ばれる。

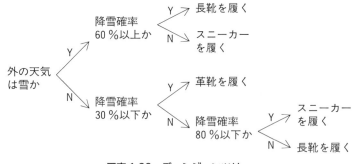

図表 1.22　ディシジョンツリー

3　KJ法

　収集した情報を1枚ずつカードに書き込み，内容が近いものや似ているものをグループ化していく。グループを小分類，中分類，大分類のようにまとめていくことで，全体像の把握や情報相互の関連を読み取ることができる。ブレーンストーミング後の情報分析に適している。考案

した川喜田二郎氏（文化人類学者）の名前から KJ 法と呼ばれる。

3 問題の整理とモデル化

　問題を整理し，現実の世界をモデル化することによって，対象となるシステムの構造や流れをより明確に表すことができる。モデル化の方法には，モデルを数学的に表した**数式モデル**，事象を構造化して図式表現した**構造モデル**，オブジェクト指向の開発に用いられる**静的モデル／動的モデル**，確率論に基づいた**確率的モデル**などがある。

① 実体関連モデル（ERD）

ERD (Entity Relation Diagram)

　モデル化しようとする世界を実体（エンティティ），関連（リレーションシップ），属性（アトリビュート）によって表す方法である。

図表 1.23　実体関連モデルの例

② データフローダイヤグラム（DFD）

DFD (Data Flow Diagram)

　業務をモデル化する方法である。データの流れに着目して図式化を行い，業務システムを表現する。図を階層構造にすることもできる。

図表 1.24　データフローダイヤグラムの例

③ シミュレーション

シミュレーション

　モデル化したものを模擬的に検証・試行する作業をシミュレーションという。製品などの機能を確認・予測したり，将来の動向を予測したりするほか，問題の解決策を選択するための**意思決定**にも利用される。シミュレーションを行う装置やプログラムのことを**シミュレータ**という。

4 情報を処理するための手順

1 情報システムの開発手順

　問題点の整理・分析ができたら，次は具体的な解決の手順を決めることになる。情報システムの開発では，この工程を**システム設計**および**プログラム開発**という。システム設計では，ファイルやコードの設計，プロセス（処理方法）設計，入出力の設計などを行う。プログラム開発の段階では，個々のプログラムについて仕様やアルゴリズムを決め，実際にプログラムを作成する。

　これら一連の流れの中では，ドキュメントをきちんと残すことが重要になる。それぞれシステムの設計書，プログラムの仕様書をドキュメントとして作成する。また，出来あがったシステムを安定的に稼働させるために，操作手順書や運用マニュアルなども作成する必要がある。ドキュメント化の際には，あいまいな記述や書き手による個人差が出ないように，記述ルールなどをきちんと決めておくことも必要である。

図表1.25　システムの開発手順

2 アルゴリズムと基本3構造

　プログラムを作成するときには処理の流れを詳細に決め，それを使用するプログラム言語に合わせて記述していく。このときの処理の流れや手順を**アルゴリズム**という。ソフトウェアの機能が複雑かつ大規模になるほど，プログラミングの生産性や保守性が重要になる。1967年にオランダのエドガー・ダイクストラは，プログラムの構造を「順次」「選択」「繰返し」の3構造だけで表現する**構造化プログラミング理論**を提唱した。以降，アルゴリズムの表記法やプログラミング技法，ドキュメンテーション技法に，この構造化の理論が取り込まれるようになっている。

アルゴリズム（Algorithm）

　基本3構造における順次とは，処理の流れが上から下に向かって直線的に進んでいくような構造を表す。選択とは，条件によって処理が2つ以上の流れに分岐されるような構造を表す。繰返しとは，ある条件を満たすまで処理を一定回数繰り返すような構造を表す。それぞれの構造を図で表すと次のようになる。

【順次構造】　　　【選択構造】　　　　　　　【繰返し構造】

図表 1.26　アルゴリズムの基本 3 構造

3　アルゴリズムの図式表現

　エラーのないシステムを作るためには，アルゴリズムの検証，手順の評価が特に重要になる。アルゴリズムを図式化して表現すると，処理の流れが読み取りやすくなる。図式表現の方法にはいくつか種類があるが，以前から利用されているものに**フローチャート**（流れ図）がある。前述の図表 1.26 は，フローチャートを使って，基本 3 構造を表したものである。フローチャートは記号と線（矢印）を使って，処理の流れを表すようになっており，使用する記号は JIS X 0121 で規定されている。なおフローチャートには，アルゴリズムを表現するプログラム流れ図以外に，データ間の関係を表すデータフローチャート，システム全体の流れを表すシステムフローチャートなどもある。

　フローチャートは処理の流れを線で表すため，自由な位置に制御を飛ばすことができる（プログラム言語では go to 文に当たる）。制御構造を自由に組み立てられるという反面，ダイクストラが提唱した基本 3 構造に合致しないアルゴリズムも書けてしまう。そこで go to 文を用いずに，基本 3 構造の組み合わせだけでアルゴリズムを表現するための図式表現法が考案された。これらを**構造化チャート**という。構造化チャートには，**NS チャート**，**PAD**，**SPD**，**HCP**，**YAC** など多くの種類がある。

NS チャート（2 人の考案者の名前は Nassi と Shneiderman）
PAD（Problem Analysis Diagram）
SPD（Structured Programming Diagram）
HCP（Hierarchical and ComPact description chart）
YAC（Yet Another Control chart）

column　スパゲッティプログラムは困りもの！

　go to 文を多用すると処理の流れがあちこちにジャンプするため，わかりにくく読みづらいプログラムができてしまう。これを麺がからまったスパゲッティにたとえて**スパゲッティプログラム**という。バグの発見や仕様の修正が困難な，困ったプログラムといえる。

フローチャートで使用できる記号には次のようなものがある。

記号	名称	意味
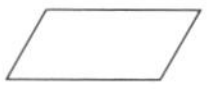 （平行四辺形）	データ	媒体を指定しないデータを表す。入出力のための記号である。
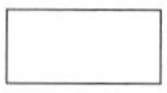 （長方形）	処理	任意の種類の処理機能を表す。
 （両側二重線の長方形）	定義済み処理	サブルーチンやモジュールなど，別の場所で定義された処理を表す。
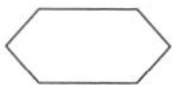 （六角形）	準備	初期値の設定など準備の処理を表す。
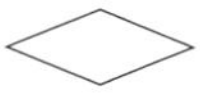 （ひし形）	判断	条件の評価を行い，処理を分岐させる。
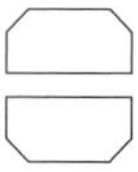 （ループ端記号）	ループ端	ループの始まりと終わりを表す。ループの始端または終端の記号中に終了条件を表記する。
 （線）	線	データまたは制御の流れを表す。向きを明示するときは矢印をつけてもよい。
（円）	結合子	線を中断し，流れ図を他の場所に続ける場合の出口または入口を表す。
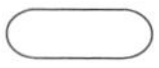 （端子記号）	端子	流れ図の開始または終了を表す。

図表 1.27 フローチャートの記号（JIS X 0121 より）

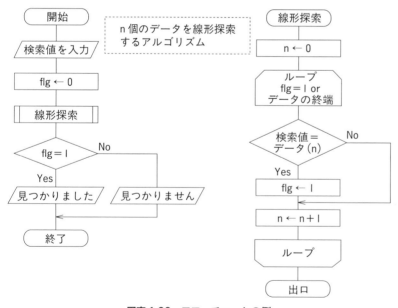

図表 1.28 フローチャートの例

4　データ構造

　プログラムを実行する場合，対象となるデータを変数と呼ばれる入れ物に格納して処理するのが一般的である。1つのデータを単独で扱う場合は1個の変数を用意すればよいが，複数のデータを関連させて効率的に扱うには，より複雑なデータ構造が必要となる。主なデータ構造には**配列**，**リスト**，**2分木**などがある。

1 配列

　大きさと型が同じであるデータを，連続的に並べたデータ構造を配列という。1つ1つのデータを配列の要素といい，要素位置を区別するための番号を**添字**という。添字は先頭からの位置を示しており，プログラミング言語によって指定の仕方は異なるが，先頭番号を0から始めるケースが多い。配列には，添字を1つだけ使う1次元配列，2つの添字を使う2次元配列などがある。

添字：添字は要素番号ともいう

1 次 元 配 列 A

図表 1.29　1 次元配列

2 リスト構造

　複数のデータが，**ポインタ**によって連結されているデータ構造をリストという。データの並びは，ポインタで示される順番によって決まる。配列と異なる点は，データの格納場所が物理的な配置に影響されないことである。これにより，データの追加や削除が容易にできるという利点がある。最終データには終点を示すポインタとして **NULL 文字**やゼロなどが入る。

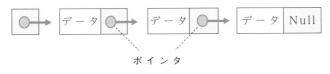

図表 1.30　リスト構造

図表 1.31　リスト構造の例

③ 2分木

データに階層的な親子関係を持たせたデータ構造を**ツリー**（**木構造**）という。1つ1つのデータを**ノード**といい、最上位のノードを**ルート**と呼ぶ。データは図表1.32のような親子関係になっている。すべての子ノードが2本以下のツリー構造を2分木という。

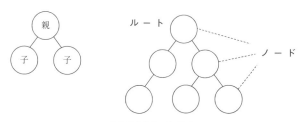

図表 1.32　2分木

2分木のうち、すべてのノードについて「左の子孫＜親＜右の子孫」の関係が成立するものを**2分探索木**という。データの検索を効率的に行うことができる。また、すべてのノードについて「親ノード＜子ノード」または「親ノード＞子ノード」の関係が成立する2分木を**ヒープ**という。ヒープではルートが必ず最小値（または最大値）になるので、ルートのデータを順に取り出すことでデータを整列することができる。

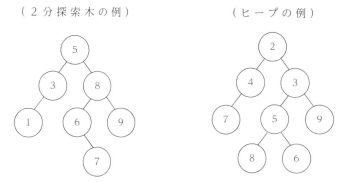

図表 1.33　2分探索木とヒープ

章末問題

→ **問題1** 次の決定表に関する説明を読み，各設問に答えよ。

[平成 30 年前期 問題 4 決定表の読み取り・作成]

J 社では，以下の規定で 1 日当たりの出張費を計算している

[J 社の出張費規程]
- 交通費は実費を支給する。
- 出張先の実働時間が 5 時間未満の場合は 3,000 円，5 時間以上の場合は 6,000 円の出張手当を支給する。ただし，実働時間がない場合は出張手当を支給しない。
- 宿泊を要する場合は，宿泊費として 8,000 円を支給する。

次に，以下のようなスケジュール（2 泊 3 日の出張）における出張手当と宿泊費を示す。

1 日目：出張先まで移動後，現地に宿泊
   → 実働時間がないので，出張手当は支給せず，宿泊費の 8,000 円を支給

2 日目：10 時から 18 時まで（休憩を除く実働 6 時間半）出張先企業で作業を行い，現地に宿泊
   → 出張手当が 6,000 円，宿泊費が 8,000 円，合計 14,000 円を支給

3 日目：出張先企業で 10 時から 12 時まで作業後，帰社のため移動
   → 出張手当の 3,000 円を支給

<設問 1> 次の決定表の作成に関する記述中の [____] に入れるべき，適切な字句を解答群から選べ。

交通費を除く出張費の計算を表 1 のような決定表にまとめた。表 1 では，組み合わせを全て記述している。

表 1 出張費の決定表

実働時間なし	Y	Y	Y	Y	Y	Y	Y	Y	N	N	N	N	N	N	N	N
実働 5 時間未満	Y	Y	Y	Y	N	N	N	N	Y	Y	Y	Y	N	N	N	N
実働 5 時間以上	Y	Y	N	N	Y	Y	N	N	Y	Y	N	N	Y	Y	N	N
宿泊する	Y	N	Y	N	Y	N	Y	N	Y	N	Y	N	Y	N	Y	N
手当なし																
3,000 円支給																
6,000 円支給																
8,000 円支給																
11,000 円支給																
14,000 円支給																

※ 問題の都合上，網掛け部分は非表示にしている

しかし，表1において「実働時間なし」が "Y" の場合は，「実働5時間未満」および「実働5時間以上」が "Y" となるのは，あり得ない状態である。

そこで，有効な状態のみにまとめたものが表2である。

表2 出張費の決定表（有効な状態のみ）

	(1)	(2)	(3)	(4)		
実働時間なし					N	N
実働5時間未満					Y	N
実働5時間以上					N	Y
宿泊する					Y	Y
手当なし	×					
3,000円支給		×				
6,000円支給			×			
8,000円支給				×		
11,000円支給					×	
14,000円支給						×

解答群 ··

ア.
N
N
Y
N

イ.
N
N
N
Y

ウ.
N
Y
N
N

エ.
N
Y
Y
N

オ.
Y
N
N
N

カ.
Y
N
N
Y

キ.
Y
Y
N
Y

ク.
Y
N
Y
Y

<設問2> 次の決定表の条件変更に関する記述中の □□□□ に入れるべき，適切な字句を解答群から選べ。

表1および表2の条件では，実働時間がある場合は「実働5時間未満」と「実働5時間以上」がある。これらは，一方が "Y" であれば，他方は "N" になることは明らかである。そこで，実働時間がある場合の条件を1つに変更したものが表3である。

表3　条件を変更した出張費の決定表

実働時間なし	Y	Y	N	N	N	N
実働5時間以上	N	N	Y	Y	N	N
宿泊する	Y	N	Y	N	Y	N
手当なし		×				
3,000円支給						
6,000円支給			(5)	(6)	(7)	(8)
8,000円支給	×					
11,000円支給						
14,000円支給						

第2章

パソコンの基礎

1 コンピュータの種類と機能

1 いろいろなコンピュータとその利用

　コンピュータにはさまざまな種類がある。身近なパソコンもコンピュータの種類の1つである。ここでは，いろいろなコンピュータの種類や利用形態について取り上げる。

① マイクロコンピュータ

　マイクロコンピュータは，自動車，エアコン，テレビ，電子レンジなど，さまざまな機械の中に組み込まれて使用されるコンピュータである。略してマイコンと呼ばれる。指先程度の小さなLSIチップでできており，ワンチップマイコンとも呼ばれる。演算機能，記憶機能，入出力機能など，コンピュータの基本的な機能が1つのチップに収められている。

図表 2.1　マイコン

② パーソナルコンピュータ（パソコン）

　文字通り個人が利用することを目的としたコンピュータである。家庭，学校，企業などさまざまな場面で広く利用されている。パソコンは，その外観から大きく**デスクトップ型パソコン**，**ノート型パソコン**，**タブレット型パソコン**に分けることができる。機能，処理速度，記憶容量，拡張性などの違いから多くの種類がある。特徴は，デスクトップ型が主に性能重視，タブレット型は携帯性重視，ノート型はその中間といえる。

パソコン

（写真提供：富士通クライアントコンピューティング株式会社）　　　　（写真提供：レノボ・ジャパン株式会社）

図表 2.2　デスクトップ型　ノート型　タブレット型

③ 汎用コンピュータ

　企業，官公庁，銀行など一定規模の組織において，基幹業務を行うためのコンピュータを汎用コンピュータという。**メインフレーム**とも呼ぶこともある。事務処理，科学技術計算などさまざまな分野で利用され，大量のデータを高速に処理することができる。パソコンが現在のように普及する以前は，コンピュータといえば汎用コンピュータのことを意味していた。

（写真提供：日本 IBM）

図表 2.3　汎用コンピュータ

④ スーパーコンピュータ

　高度な科学技術計算を行うことを目的として設計された汎用コンピュータのことである。原子力，気象観測，航空機設計，遺伝子分析などの分野で利用される。膨大で複雑な計算を超高速で行うことができる。

⑤ ワークステーション

　外見はパソコンとほぼ同じであるが，より高性能なコンピュータを総称してワークステーションという。グラフィックデザインや CAD，ネットワークサーバとして利用される。初期のパソコンは性能も機能もワークステーションに劣っていたが，パソコンの高性能化が進んだことで，現在はパソコンとワークステーションの境界はあいまいになってきている。メーカによっては，PC サーバや PC ワークステーションと呼ぶ場合もある。

（写真提供：理化学研究所：スーパーコンピュータ「京」は 2019 年 8 月に運用終了）

図表 2.4　スーパーコンピュータ

⑥ 携帯電話/スマートフォン

　携帯電話やスマートフォンの進化には目覚ましいものがある。これらはすでに，コンピュータの一種と位置づけることができる。携帯電話は 2000 年代初めに普及が始まり，文字通り携帯できる電話として一気に広まった。さらに，インターネットとの連携により，通話だけでなくメールや Web の利用も可能になった。その後，2010 年代にスマートフォンが登場すると，携帯電話からスマートフォンへの移行が加速し，ユーザの利用形態も劇的に変化した。スマートフォンにアプリをインストールすることで，メール，Web ブラウザ，SNS，カメラ，テレビ，スケジュール管理，電子辞書，音楽，動画再生などさまざまな機能が，1 台で利用できるようになった。

（写真提供：株式会社日本 HP）

図表 2.5　ワークステーション

（写真提供：シャープ株式会社）（写真提供：NTT DOCOMO）（123RF）

図表 2.6　携帯電話，スマートフォン

7　家庭用ゲーム機

　ゲーム専用に設計されたコンピュータである。テレビと接続して利用するタイプや，小型ディスプレイを内蔵しているタイプがある。ゲーム機ではあるが，画像出力，三次元グラフィックス，サウンド機能などはパソコンに劣らないほどの処理能力がある。通信機能を利用してネットーゲームを行うこともできる。

（写真提供：株式会社ソニー・インタラクティブエンタテインメント）

図表 2.7　家庭用ゲーム機

---

column 分散システムとオープンシステム

　汎用コンピュータが全盛の時代には，1 台の大型コンピュータにすべての機能を集中させて，一括処理を行っていた。現在のようなネットワーク環境下においては，複数のコンピュータに機能，負荷，役割を分担させる分散システムという考え方が多く見られる。

　代表的なものにクライアントサーバシステムがある。これはネットワーク上のコンピュータを，クライアント（サービスを要求する側）と，サーバ（サービスを提供する側）に分けるというものであり，現在のネットワークシステムの主流となっている手法である。このとき，複数のメーカのハードウェアやソフトウェアを組み合わせてネットワークを構築することがある。このような形態をオープンシステムと呼ぶ。

---

2 コンピュータの基本構成

コンピュータは下図に示すように，**入力装置**，**出力装置**，**記憶装置**，**制御装置**，**演算装置**から構成されている。これをコンピュータの五大装置という。五大装置の中で記憶装置は，パソコン本体内部にある**主記憶装置**（メインメモリ）と**補助記憶装置**に分かれる。また，制御装置と演算装置を合わせて **CPU**（または **MPU**）という。さらに，入力装置，出力装置，補助記憶装置を合わせて**周辺装置**という。

CPU（Central Processing Unit）：**中央処理装置**
MPU（Micro Processing Unit）

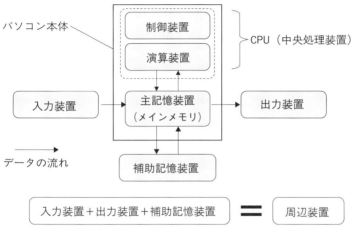

図表 2.8　コンピュータを構成する装置

1 CPU（中央処理装置）

演算装置の中には**演算回路**や**論理回路**が組み込まれている。プログラムに記述されたコード（命令）を実際に処理する機能を持ち，四則演算，論理演算，比較演算などを行う。また，制御装置はプログラムの実行をコントロールする機能を持つ。数 cm 四方のチップの上に数億〜数十億個のトランジスタが集積されている。内部で処理できるビット量に応じて，32 ビット，64 ビットなどの種類がある。

（写真提供：© Intel Corporation）

図表 2.9　CPU

2 主記憶装置（メインメモリ）

主記憶装置は半導体を利用した記憶素子でできている。記憶素子は **RAM** と **ROM** に大別され，主記憶装置のほとんどは RAM で構成されている。RAM はデータの呼出し/書込みが可能なメモリで，コンピュータの電源を切ると中身が消える性質を持つ。このような性質を**揮発性**という。これに対して ROM は電源を切っても中身が消えない性質を持ち，**不揮発性**という。ROM はもともと読込み専用（書込みができない）という意味であるが，書き換えや消去ができる ROM もあり，これを **EPROM** という。データを消去する方式は複数あり，紫外線を照射する **UV-EPROM** や電気的に消去する **EEPROM** がある。近年,利用が広がっている**フラッシュメモリ**は EEPROM の一種である。このほか，ディス

RAM（Random Access Memory）
ROM（Read Only Memory）

EPROM（Erasable Programmable ROM）
UV-EPROM（Ultra Violet EPROM）
EEPROM（Electrically EPROM）
フラッシュメモリ

1. コンピュータの種類と機能　　35

プレイ画面の表示内容を保持するために，メインメモリとは別に用意されているメモリがあり，**VRAM**と呼ばれる。

主記憶装置に使用されるRAMはCPUに比べてアクセスタイムが遅い。そこで高速のメモリ（SRAM）をCPUの内部に置き，データ転送の効率化をはかる手法がある。このメモリを**キャッシュメモリ**という。CPUと主記憶装置や入出力機器の間でデータを送るための伝送路を**バス**という。CPU内部にあるバスをCPUバスといい，入出力機器との接続に使われるバスを外部バスという。

VRAM（Video RAM）

SRAM（Static RAM）

キャッシュメモリ

バス：データ伝送路

3　コンピュータの動作原理と基本単位

1 プログラム記憶方式

コンピュータで処理されるプログラムは，実行の前にあらかじめメモリ内に格納される。その後，CPUが処理すべき命令を1つずつ取り出して実行する方式になっている。これを**逐次制御**という。フォン・ノイマンが考案したこのような仕組みはプログラム記憶方式と呼ばれ，現在のコンピュータの基本となる考え方になっている。

プログラム記憶方式

逐次制御

2 クロック周波数

CPUの処理能力を表す指標の1つが**クロック周波数**である。コンピュータ本体には水晶発振器（時計）が内蔵されており，発振器が振動するタイミングに合わせCPUが動作を行うようになっている。クロック周波数の単位を**ヘルツ（Hz）**といい，1Hzは1秒間に1回の処理を行う性能を表す。たとえばクロック周波数が1GHz（ギガヘルツ）のCPUの場合，1秒間に10^9＝1,000,000,000（10億）回の処理を実行できることになる。一般にクロック周波数が大きいCPUほど計算能力が高いといえる。

クロック周波数

ヘルツ（Hz）

3 コンピュータで使われる補助単位

記憶容量を表すバイトやクロック周波数を表すヘルツなどは，数値が大きくなる。そこで，キロ，メガ，ギガ，テラ，ペタのような補助単位

補助単位	意　味	使用例
k（キロ）	1,000（10^3）	kB（キロバイト）
M（メガ）	1,000,000（10^6）	MB，MHz
G（ギガ）	1,000,000,000（10^9）	GB，GHz
T（テラ）	1,000,000,000,000（10^{12}）	TB
P（ペタ）	1,000,000,000,000,000（10^{15}）	PB
m（ミリ）	1/1,000（10^{-3}）	ms（ミリ秒）
μ（マイクロ）	1/1,000,000（10^{-6}）	μs
n（ナノ）	1/1,000,000,000（10^{-9}）	ns
p（ピコ）	1/1,000,000,000,000（10^{-12}）	ps

図表 2.10　補助単位の種類

コンピュータの世界は2進法なので，キロは厳密には1000ではなく1024（＝2^{10}）になる。したがって1kB＝1024Bとなる。同様に1MB＝1024kB，1GB＝1024MBのようになる

とともに使われる。同様に処理時間の単位である秒（second）は数値が小さくなるため，ミリ，マイクロ，ナノ，ピコといった補助単位とともに使われる。

4 いろいろな情報の単位

パソコンや入出力装置の性能を表す単位には以下のようなものがある。

区分	単位	意味/用法	
処理速度	Hz（ヘルツ）	1 秒間に発生するクロック周波数の値を示す。たとえば 3.5 GHz（ギガヘルツ）であれば，クロック周波数は $3.5×10^9$ 回/秒となる。	**Hz**
	MIPS（ミップス）	MIPS（Million Instructions per Second）は 1 秒間に 100 万回の命令を実行できる処理能力を表す。たとえば 100 MIPS であれば，1 秒間に 100×100 万＝1 億回の命令を実行できる。	**MIPS**
	FLOPS（フロップス）	FLOPS（Floating-point Operations per Second）は 1 秒間に浮動小数点演算を何回実行できるかを表す。たとえば 5 GFLOPS（ギガフロップス）であれば，1 秒間に $5×10^9$ 回の浮動小数点演算を実行できる。	**FLOPS**
伝送速度 通信速度 転送速度	bps（bits per second） B/s（バイト/秒）	bps は 1 秒間に送ることができるビット数を表す。たとえば通信速度が 400 Mbps（メガ bps）であれば，1 秒間に $400×10^6$ ビット＝50 MB/s（メガバイト/秒）のデータを伝送できる。	**bps** **B/s**
プリンタの印刷解像度	dpi（dots per inch）	1 インチの幅の中に印刷できるドット（点）の数を表す。たとえば 9600 dpi のプリンタであれば，1 インチの中に 9600 個の点を印字できる。	1 インチ（1 inch） ＝25.4 mm **dpi**
プリンタの印刷速度	PPM（Pages per Minute）	プリンタが 1 分間に印刷できるページ数を表す。	**PPM**
回転数	rpm（revolutions per minute）	CD やハードディスクなどの円盤が 1 分間に回転する速度を表す。	**rpm**
画素数	ピクセル（画素・ドット）	ディスプレイやディジタルカメラの解像度を表す。1 ピクセルが 1 個の点（ドット）を示す。ディスプレイの場合，画面の解像度は横×縦の最大ピクセル数を使って 1024×768 ピクセルのように表す。	**ピクセル** **画素** **ドット**

図表 2.11　いろいろな情報の単位

2 ｜ 周辺装置の種類と役割

1　入力関連機器

1 キーボード

キーボードは，文字，数字，記号などを入力するための装置である。

コンパクト型 109 フルキーボード　　　　　テンキーボード

図表 2.12　キーボード

テンキーボード：数字と演算記号だけのキーボードをテンキーボードという

現在普及しているキー配置は JIS 型配列が主流であるが，細かなキー配置の違いにより多くの種類が存在する。キーの個数を名称に付けて，106 キーボード，109 キーボードなどと呼ぶものもある。

②　ポインティングデバイス

ディスプレイ上のアイコンやウィンドウを操作するためには，カーソルまたはマウスポインタで位置を指定する必要がある。マウスやトラックパッドのように画面上の位置を指定するための機器を総称してポインティングデバイスという。ポインティングデバイスには次のようなものがある。

①マウス･･

最も代表的なポインティングデバイスである。初期のマウスは内部のボールが転がる機械式（ボール式）であったが，現在のマウスは赤色 LED や青色 LED を利用した光学式マウス，あるいはレーザ光線を利用したレーザマウスが主流である。またマウスの多機能化も進んでおり，クリックボタンに加え，ホイールボタン（縦・横のスクロール），ズームボタン（文字の拡大/縮小），検索ボタン，アプリケーション切替えボタンなどを用いることで，さまざまな操作環境を可能にしている。

図表 2.13　マウス

LED (Light Emitting Diode)：**発光ダイオード**

②タッチパッド･･････････････････････････

ノート型パソコンで多く使用されている入力装置である。平面版の上で指を動かすと，画面上のマウスポインタが連動するようになっている。指先で軽くたたいてクリックやダブルクリックができるもの，指を滑らせて画面スクロールができるものなどがある。なお，タッチパッドのことをトラックパッド，スライドパッドと呼ぶこともある。

図表 2.14　タッチパッド

③タッチパネル･････････････････････

ディスプレイ画面に直接ペンや指を接触させて，位置情報を入力する装置をタッチパネルという。スマートフォンやタブレット端末をはじめ，銀行の ATM，駅の自動券売機，カーナビゲーション，コンビニエンス

（写真提供：EIZO 株式会社）

図表 2.15　タッチパネル

ストアにある情報端末など，非常に多くの場面で利用されている。画面に接触したときの圧力や静電気によって画面上の位置を感知している。

④ジョイスティック……………………………………………………

レバーを倒すことで，マウスポインタを移動させる装置である。ゲーム用コントローラとして利用されることが多い。傾ける角度によって，マウスポインタの移動スピードが変わる。また，ノート型パソコンなどではキーボードの中に小型のスティックを埋め込んで，指先で操作するようなタイプもある。

図表 2.16　ジョイスティック

3　イメージスキャナ

印刷された文字，図形，写真などを画像データとしてパソコンに取り込む装置である。原稿を光学的に走査（スキャン）するので，スキャナという。**CIS** と呼ばれる光を感知する半導体素子を利用している。読み取り時の解像度は，**dpi** という単位で表す。機種によって 600 dpi～6400 dpi くらいまであり，数値が大きいほど高解像度となる。

（写真提供：キヤノン株式会社）

図表 2.17　イメージスキャナ

CIS（Contact Image Sensor）：**密着イメージセンサ**

4　ディジタルカメラ

撮影した画像を，ディジタルデータとして記録するカメラである。1990 年代から普及が始まり，記録媒体は従来のフィルムからメモリカードへと変化した。スマートフォンやタブレット端末にも内蔵されており，静止画だけでなく動画を記録することもできる。受像センサには，**CCD** や **CMOS** などの撮像素子が使われている。画質を示す解像度には，1000 万画素クラスの機種から 4000 万画素以上の高機能機までいろいろなものがある。

（写真提供：キヤノン株式会社）

図表 2.18　ディジタルカメラ

CCD（Charge Coupled Device）：**電荷結合素子**
CMOS イメージセンサ（Complementary Metal Oxide Semiconductor）

5　Web カメラ

撮影した画像や動画を，インターネット上に送信することができるカメラである。テレビ会議やビデオ通話に利用することができる。そのほか，自宅に設置して外出先から家の様子を確認したり，防犯に役立てるような使い方も可能である。現在，ほとんどのノートパソコンには Web カメラが内蔵されている。

（写真提供：株式会社バッファロー）

図表 2.19　Web カメラ

POS（Point of Sales）：販売時点商品管理システム
JAN（Japanese Article Number）
EAN（European Article Number）

6　バーコードリーダ/QR コード

商品などに付けられたバーコードを読み取る装置をバーコードリーダという。形状の違いから，ペン型，ハンディ型，据え置き型がある。スーパーマーケットなどのレジスターでは，バーコードを利用した商品管理システム（**POS** システム）がよく利用される。バーコードの種類はいろいろあるが，日本では JIS 規格である **JAN** コードが広く利用されている。JAN コードは，国際規格である **EAN** コードをベースとしている。

JANコードは13桁で構成され，国コード（2桁），メーカコード（5桁），商品コード（5桁），**チェックディジットコード**（1桁）からなる。チェックディジットとは，コードの入力ミスを検出するため検査数字のことである。そのほか，物流用に利用される **ITF** コードや，書籍を識別するための **ISBN** コードなどもバーコードに対応している。

ITF（Interleaved Two of Five）
ISBN（International Standard Book Number）

図表 2.20　バーコードとバーコードリーダ

またバーコードと並んで，最近では図表 2.21 のような **QR コード**がよく利用されている。バーコードの情報が 1 次元の横方向のみ（数字20桁程度の情報量）であるのに対し，QR コードはデータを 2 次元で表現するため，より多くの情報を記録でき，英数字，記号，漢字を含め，およそ数千字ほどの情報を記録できる。カメラ付き携帯電話が QR コードに対応したことで普及が広まった。Web サイトのアドレスを QR コード化しておくことで，携帯電話やスマートフォンから簡単にアクセスできるようになる。また，個人データを記録した QR コードを名刺に印刷しておくような利用方法もある。

QR コード（Quick Response code）

図表 2.21　QR コード

7　OCR

手書き文字や印刷された文字を，光学的に読み取る装置を OCR という。文字に光を当て，その反射光を利用して文字の形状を認識する。OCR 自体はハードウェアであるが，パソコン環境のもとで OCR を利用する方法としては，イメージスキャナで読み取った原稿を，OCR ソフトでテキストデータに変換するといった使い方が一般的である。

図表 2.22　OCR

8　OMR

鉛筆やペンで記入したマークを，光学的に読み取る装置を OMR という。マークシートに光を当て，その反射光によってマークの有無を検

OCR（Optical Character Reader）：**光学式文字読み取り装置**
OMR（Optical Mark Reader）：**光学式マーク読み取り装置**

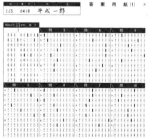

図表 2.23　OMR とマークシート

出する仕組みになっている。大量のデータを速く処理することが可能であり，アンケート調査や入学試験の答案用紙としてよく利用される。

2 出力関連機器

① ディスプレイ

パソコンの表示装置として，現在最も普及しているのは薄型平面パネルの液晶ディスプレイである。液晶とは液体と固体の両方の性質を持つ物質で，電圧をかけることで光の透過率が変化して表示する仕組みになっている。液晶自体は発光しないため，背面にバックライトという光源が必要になる。設置場所をとらず消費電力が少ないという特徴を持つ。また，液晶ディスプレイのほかにも，有機化合物に電圧をかけて自己発光する仕組みを利用した**有機 EL ディスプレイ**などがある。なお，1990 年代まではブラウン管を利用した **CRT** が主流であったが，現在はほとんど使われていない。

ディスプレイの発色は，光の 3 原色である **RGB** を組み合わせている。このような方式を**加法混色方式**と呼ぶ。3 色すべてを 100％の輝度で重ね合わせると白になる。RGB それぞれの色を 8 ビット（1 バイト）で表現すると，$2^8＝256$ 階調の色ができる。これらを組み合わせることで約 1670 万色（$＝256^3$）の色を表現することができ，これを**フルカラー**と呼ぶ。ディスプレイのドット（ピクセル）の細かさを示す指標を**解像度**という。解像度は画面の横×縦のドット数で表す。以前は比率が 4：3 となる解像度がよく使われていたが，その後画面のワイド化が進み，16：9 の比率が多く利用されるようになった。4：3 の解像度には，**VGA，SVGA，XGA，UXGA** などがある。近年はさらに高解像度化が進み，16：9 の比率を持つフルハイビジョン（**Full HD**），**4 K，8 K** などが登場している。解像度を高くすると，同じ表示面積であっても画面を広く使えるようになる。

有機 EL（有機 Electro-Luminescence）
CRT（Cathode Ray Tube）
RGB（Red：赤, Green：緑, Blue：青）
VGA（Video Graphics Array）：640×480 ドット
SVGA（Super VGA）：800×600 ドット
XGA（eXtended Graphics Array）：1024×768 ドット
UXGA（Ultra XGA）：1600×1200 ドット
Full HD（Full High Definition）：1920×1080 ドット
4 K：3840×2160 ドット
8 K：7680×4320 ドット

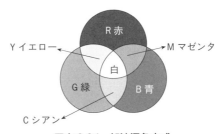

図表 2.24 加法混色方式

（写真提供：株式会社アイ・オー・データ機器）

図表 2.25 液晶ディスプレイ

② プリンタ

プリンタは，ディスプレイと並ぶ代表的な出力装置である。レーザ光線を利用してトナーを用紙に焼き付ける**レーザプリンタ**，微量のインクをノズルから噴射させる**インクジェットプリンタ**，熱で溶かしたインクを用紙に転写する**熱転写プリンタ**，小型ハンマーでたたいて用紙にインクを転写する**インパクトプリンタ**などがある。また，最近はオールインワンプリンタと呼ばれる**多機能プリンタ（複合機）**も普及している。1 台で印刷，コピー，スキャナ，FAX，写真プリントなどができるのが

（写真提供：キヤノン株式会社）

図表 2.26　レーザプリンタ(左)，インクジェットプリンタ(中)，多機能プリンタ(右)

特徴である。

　プリンタのカラー印刷は，色の 3 原色である **CMY** のインクを組み合わせて表現している。このような色の表現方式を**減法混色方式**という。印刷画質（解像度）はドットの細かさによって決まり，**dpi** という単位で表す。最近のインクジェットプリンタの場合，解像度は 1440 dpi ～ 9600 dpi くらいまで幅がある。数値が大きいほど鮮明な印刷が可能になる。CMY の 3 色を混合すると理論上は黒になるが，真の黒色を出しにくいこと，また黒色は使用頻度が高いことから，インクカートリッジは CMY に blacK を加えた 4 色（CMYK）を基本にしていることが多い。さらに，写真などの色合いをより鮮明にするためにフォトインクを追加して，6 色～10 色くらいのカートリッジをそなえているプリンタもある。

CMY（Cyan：シアン，Magenta：マゼンタ，Yellow：イエロー）

**図表 2.27　CMYK イン
クカートリッジ**

③ プロッタ

　設計図や図面を印刷する装置をプロッタという。以前は **CAD** データの出力などに利用されていたが，最近は大判プリンタで代用されることが多い。ペンを装着し，図面の X–Y 方向に移動させて印刷することから，ペンプロッタあるいは XY プロッタとも呼ばれる。ペンの代わりにカッターを装着して，ステッカーやマーキングシールを切り抜くものもあり，**カッティングプロッタ**と呼ばれる。

CAD（Computer Aided Design）

**図表 2.28　カッティング
プロッタ**

④ 3D プリンタ

　3 次元の設計データをもとに立体造形物を生成するプリンタである。通常のプリンタが 2 次元の用紙に印刷するのに対し，3 次元の造形物を生成することから 3D プリンタと呼ばれる。比較的安価な個人向け 3D プリンタでは，樹脂を積み重ねることによって立体造形を実現している。そのほかにも，樹脂を熱で溶解するタイプや，粉末状の材料にレーザ光線を照射するタイプなど複数の方式がある。

図表 2.29　3D プリンタ

3　補助記憶装置

① ハードディスク（HDD）

　ハードディスクは OS，アプリケーションソフト，利用者のデータなどを記憶するための装置で，補助記憶装置の代表的なものである。**プラッ**

HDD（Hard Disk Drive）

タと呼ばれる磁性体を塗布した金属性の円盤が回転し，ディスク表面に記録された情報を磁気ヘッドで読み取る仕組みになっている。プラッタは非常に高速（1分間に数千回転）で回転している。ディスク上のデータは円周に沿って記録される。1周分のデータ領域を**トラック**といい，1トラックは，**セクタ**と呼ばれるさらに細かい単位に分割される。データの読み書きはセクタ単位に行われる。パソコンへの接続形態の違いから本体内蔵タイプ，外付けタイプ，ポータブルタイプなどがある。記憶容量は数百GB〜数 TB くらいまでいろいろある。

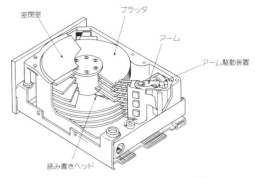

図表 2.30　ハードディスクの構造

(写真提供：株式会社バッファロー)

図表 2.31　ハードディスクドライブ　内蔵タイプ（左），外付けタイプ（中），ポータブルタイプ（右）

② CD/DVD/BD

　直径12 cm の円盤にディジタル情報を記録するメディアである。レーザ光線を当ててディスク表面の情報を読み取るので，光ディスクとも呼ばれる。CD，DVD，BD は，外見はほぼ同じであるが，記憶容量が異なる。CD は約 700 MB，DVD はディスクの構造によって，4.7 GB，8.5 GB，9.4 GB，17 GB などの種類がある。また，BD も種類によって 25 GB，50 GB，100 GB，128 GB など複数のタイプがある。いずれのディスクにも再生専用タイプ（CD-ROM，DVD-ROM，BD-ROM），追記型タイプ（CD-R，DVD-R，BD-R），書き換え可能型タイプ（CD-RW，DVD-RW，BD-RE）などさまざまな種類がある。

CD（Compact Disc）
DVD（Digital Versatile Disc）
BD（Blu-ray Disc）

(写真提供：マクセル株式会社)

図表 2.32　CD/DVD/BD

CD	650 MB, 700 MB
DVD	4.7 GB, 8.5 GB, 9.4 GB, 17 GB
BD	25 GB, 50 GB, 100 GB, 128 GB

図表 2.33　光ディスクの記憶容量

再生専用型	CD-ROM DVD-ROM BD-ROM	ROM は Read Only Memory の略であり，読み出し専用のディスクである。アプリケーションソフトなどの配布用として利用される。
追記型	CD-R DVD-R/DVD+R BD-R	R は Recordable の略であり，書込み可能なディスクである。同じ場所には一度しか書き込むことはできないが，空いている場所にあとから追加記録することもできるので追記型という。
書き換え可能型	CD-RW DVD-RW/DVD+RW BD-RE	RW/RE は Rewritable の略であり，一度書いた内容を削除して，あらたに書き換えることが可能なディスクである。CD-RW や DVD-RW は約 1000 回，BD-RE は約 10000 回の書き換えが可能になっている。

図表 2.34　光ディスクの種類

③ フロッピーディスク（FD）

フロッピーディスクは磁性体を塗布したプラスチック製の薄いディスクで，約 1.4 MB の記憶容量がある。手軽で安価なため 1990 年代によく利用されていたが，他の記録メディアの普及とともに利用頻度が減少し，現在は生産が終了している。

④ MO ディスク

フロッピーディスクと同様，1990 年代に普及した記録メディアである。レーザ光と磁気を利用したことから光磁気ディスクとも呼ばれた。記憶容量は 230 MB～2.3 GB であり，当時としては大容量であった。しかし他の記録メディアの普及に伴い，現在ほとんど利用されていない。

⑤ メモリカード/SSD

フラッシュメモリを利用した小型の記録媒体である。フラッシュメモリとは半導体メモリの一種で，電源を切っても中身が消えず，高速アクセスが可能になっている。スマートフォンやディジタルカメラの記録媒体として多く利用されている。フラッシュメモリに USB コネクタを装着した **USBメモリ** は，そのままパソコンに差し込んで読み書きができる。また，最近のパソコンには，補助記憶装置としてハードディスクの代わりにフラッシュメモリを用いる製品も登場している。これらは **HDD** に対して，SSD と呼ばれている。フラッシュメモリには寿命（書込み可能回数やデータ保持期間）があるので，取り扱いには注意する必要がある。

図表 2.35　フロッピーディスク

MO（Magnet Optical）

図表 2.36　MO ディスク

SSD（Solid State Drive）

USB（Universal Serial Bus）

HDD（Hard Disk Drive）

SD カード　　　　　マイクロ SD カード　　　　　コンパクトフラッシュ

USB メモリ　　　　　　　　SSD

（写真提供：株式会社バッファロー）

図表 2.37　フラッシュメモリを利用したいろいろな記憶媒体

4　その他の装置

　停電などの電源トラブルが発生しても，内部バッテリーを使って一定時間は電源を止めることなくコンピュータに電力を供給し続けることができる装置がある。これを**無停電電源装置**（**UPS**）という。

（写真提供：オムロン株式会社）

図表 2.38　無停電電源装置

UPS（Uninterruptible Power er Supply）

3　インタフェース

1　機器の接続

　入出力装置や補助記憶装置を利用するためには，パソコン本体と各装置を接続する必要がある。装置間の接点であるインタフェースには複数の規格がある。接続する機器に応じて，ケーブルの種類やコネクタの形状，接続方法などが決められている。

　新しいハードウェアをパソコンに接続したときに，自動的に設定を行う機能を**プラグアンドプレイ**という。また，パソコンの電源を入れたまま機器の接続や取り外しができる機能を**ホットプラグ**という。最近のインタフェースは，これらの機能に対応しているものが多い。なお，周辺装置を動作させるためには，それぞれの機器を制御するためのソフトウェアが必要となる。これを**デバイスドライバ**（ドライバソフト）という。プラグアンドプレイに対応している装置の場合は，機器を接続すると自動的にデバイスドライバがインストールされるようになっている。デバイスドライバは装置ごと，また OS の種類ごとに必要となるため多くの種類がある。通常は装置とセットでメーカから提供される。また，最新のデバイスドライバはメーカの Web サイトからダウンロードできるようになっている。

プラグアンドプレイ

ホットプラグ

デバイスドライバ

2 インタフェースの種類

インタフェースは，大きく**外部インタフェース**と**内部インタフェース**に分類される。外部インタフェースは，パソコンと周辺装置を接続するためのインタフェースである。内部インタフェースは，本体内部のデバイスやマザーボードの接続に用いられるインタフェースであり，バスとも呼ばれる。データを転送する際に，1ビットずつ送る方式を**シリアル転送方式**といい，複数ビットをまとめて送る方式を**パラレル転送方式**という。最近の主流は高速のシリアル転送方式である。

① 外部インタフェース

① USB

パソコンと周辺装置を接続するインタフェースとして，現在最も普及している。キーボード，マウス，プリンタ，ハードディスク，光ディスクドライブなど多くの装置に対応している。初期の規格は USB1.1 で転送速度も 12 メガビット/秒（Mbps）と低速であったが，その後 USB2.0（480 Mbps），USB3.0（5 Gbps），USB3.1（10 Gbps），USB3.2（20 Gbps）のように新しい規格が次々と登場した。また，コネクタの形状も USB Type-A，Type-B，Type-C など複数の種類がある。プラグアンドプレイ，ホットプラグに対応している。

② IEEE1394

ディジタルカメラやビデオカメラなどの映像機器を，パソコンに接続する場合に使われるインタフェースである。プラグアンドプレイ，ホットプラグに対応している。ピンの個数により，形状に違いがある。また，メーカによって，DV 端子，iLINK 端子，FireWire など複数の呼び名がある。転送速度は 100〜800 Mbps と比較的高速である。

③ PS/2

キーボードやマウスを接続するための規格である。最近は USB インタフェースによる接続が主流になっているため，PS/2 ポートを持たないパソコンも増えている。

④ Bluetooth

電波を利用した無線通信規格である。通信可能距離は通常 10 m 程度であり，途中に障害物があっても通信が可能である。キーボードやマウスをワイヤレス環境で使うときに利用される。また，スマートフォンとカーオーディオの接続や，家庭用ゲーム機のコントローラなどにも利用される。

⑤ IrDA

赤外線を利用してワイヤレス通信を行うための規格であり，通信できる距離は 1 m 程度の範囲内となっている。通信速度は規格によって異

Type-A

Type-B

Type-C

（写真提供：サンワサプライ株式会社）

図表 2.39　USB の形状

USB（Universal Serial Bus）

IEEE（Institute of Electrical and Electronic Engineers）：**米国電気電子学会**

図表 2.40　IEEE1394

図表 2.41　PS/2

Bluetooth
IrDA（Infrared Data Association）

なるが，高速のもので 16 Mbps の通信が可能である。ノートパソコンや携帯機器でデータ転送を行うときなどに利用される。

⑥ PC カード（PC カードスロット）

旧型のノートパソコンに装備されているインタフェースである。日本電子工業振興協会（JEIDA）とアメリカ PCMCIA が策定した規格である。PC カードは厚さの違いにより Type Ⅰ，Type Ⅱ，Type Ⅲ の 3 種類がある。

⑦ LAN コネクタ

パソコンをネットワークに有線接続するためのコネクタである。LAN ケーブルをコネクタに差し込んで利用する。ケーブルにはカテゴリと呼ばれる規格があり，カテゴリ 5 は 100 Mbps，カテゴリ 6 は 1000 Mbps（1 Gbps），カテゴリ 7 は 10 Gbps の通信速度に対応している。

図表 2.42　LAN コネクタ

LAN (Local Area Network)

⑧ VGA コネクタ

パソコンとディスプレイを接続するコネクタである。旧型のパソコンに装備されており，RGB アナログ映像を出力するコネクタである。「VGA 端子」，「ミニ D-Sub 15 ピン」といった呼び方をする場合もある。

（写真提供：EIZO 株式会社）
図表 2.43　VGA コネクタ
VGA (Video Graphics Array)

⑨ DVI コネクタ

パソコンとディスプレイを接続するコネクタである。名前のとおりディジタル映像を出力するためのインタフェースである。

⑩ DisplayPort コネクタ

パソコンとディスプレイを接続するコネクタである。DVI コネクタと同様，ディジタル映像を出力することができる。DVI の後継として登場したものである。

（写真提供：EIZO 株式会社）
図表 2.44　DVI コネクタ
DVI (Digital Visual Interface)

⑪ HDMI コネクタ

パソコンとディスプレイを接続するコネクタである。一本のケーブルで映像信号と音声信号を出力することができる。パソコンだけでなく，テレビ・ビデオなどの AV 機器にもよく利用されている。形状の種類には標準サイズのほかに，より小型なミニ HDMI 端子，マイクロ HDMI 端子などもある。

⑫ GP-IB

GP-IB はコンピュータと周辺機器を接続するための規格であり，IEEE488 規格として標準化されている。主に計測機器を接続するためのインタフェースとして利用される。

⑬ SCSI

ハードディスクや光ディスクドライブなどをパソコンに接続するためのインタフェースである。1990 年代によく利用されていたインタ

（写真提供：EIZO 株式会社）
図表 2.45　DisplayPort コネクタ

HDMI (High-Definition Multimedia Interface)
GP-IB (General Purpose Interface Bus)

フェースで，複数の装置を数珠つなぎに接続するデイジーチェーンが特徴であった。

② 内部インタフェース

① ATA，ATAPI，SATA

内蔵ハードディスクを接続するためのインタフェースである。複数のハードディスクメーカによって標準化が進められ，ANSI（米国規格協会）がATAという名称で規格化した。また，ハードディスク以外も接続できる拡張仕様のATAPIも登場した。ATAはパラレル転送方式でデータを転送するが，その後，より高速なシリアル転送方式のSATAという規格が登場し，現在の主流となっている。

② PCIバス

本体内部のパーツを結ぶバスである。拡張ボードや拡張カードを接続するためのスロット用バスとしても利用される。プラグアンドプレイに対応している。

③ PCI Express

PCIバスの後継となる，シリアル転送方式のインタフェースである。PCIバスはパラレル転送方式のため，PCI Expressとの互換性はない。AGPに代わり，ビデオカードなどの接続方式として広く普及している。

③ デスクトップパソコンのインタフェース

（写真提供：EIZO株式会社）

図表 2.46　HDMI コネクタ

ATA（Advanced Technology Attachment）
ATAPI（ATA Packet Interface）
SATA（Serial ATA）：シリアルATA
PCIバス（Peripheral Components Interconnect bus）
PCI Express

AGP（Accelerated Graphics Port）

SCSI（Small Computer System Interface）：スカジー

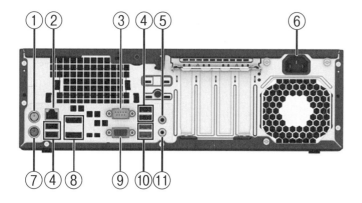

①	PS/2 マウス コネクタ（緑色）	⑦	PS/2 キーボード コネクタ（紫色）
②	RJ-45 ネットワーク コネクタ	⑧	DisplayPort モニター コネクタ（×2）
③	シリアル コネクタ	⑨	VGA モニター コネクタ
④	USB 2.0 ポート（黒色）	⑩	SS⤴ USB 3.0 ポート（青色）
⑤	ラインイン オーディオ コネクタ(青色)	⑪	ラインアウト オーディオ コネクタ 電源供給機能付きオーディオ機器用（緑色）
⑥	電源コード コネクタ		

（株式会社日本HP EliteDesk 800G1　省スペース型　リファレンスガイドより）

図表 2.47　デスクトップパソコンのインタフェース

デスクトップパソコンにはさまざまな機器を接続するためのインタフェースコネクタが装着されている。図表 2.47 はパソコン本体背面に見えるコネクタの例である。

4 オペレーティングシステム

コンピュータはハードウェアとソフトウェアで構成されている。**オペレーティングシステム（OS）**とは，ユーザがハードウェア資源を有効に活用し，さまざまな機能を効率よく利用できるよう支援，サービスをするソフトウェアの総称である。OS のことを**基本ソフトウェア**とも呼ぶ。OS に対して，特定の機能や仕事を行うためのソフトウェアを**アプリケーションソフトウェア（応用ソフトウェア**，アプリケーションソフト，あるいは単にアプリと呼ぶこともある）という。

OS (Operating System)

基本ソフトウェア

アプリケーションソフトウェア

応用ソフトウェア

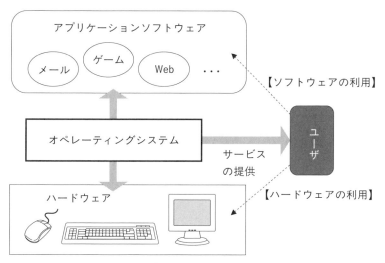

図表 2.48 OS の役割

OS はハードウェアとアプリケーションソフトウェアを仲介し，コンピュータが効率よく動作するよう管理する働きを持っている。たとえばパソコンに新しい装置が追加されると，それを OS が認識して機器を使用できる状態にする。また，プログラムの実行やユーザインタフェースの制御，ファイルやメモリの管理など，ユーザに対してさまざまなサービスを提供する役割を持っている。OS の主な機能としては次のようなものが挙げられる。

① ファイル管理

OS やアプリケーションソフト，またユーザが保存したデータなどは

すべてファイルという単位で管理される。ファイルのアクセスや記憶装置を管理することは，OSの重要な機能である。物理的なドライブやディレクトリの仕組みについては後述する。

② タスク管理

実行するプログラムを制御する機能である。最近のOSは，同時に複数のプログラムを実行することが可能になっており，このような機能を**マルチタスク（マルチプログラミング）**と呼ぶ。CPUの処理時間を微小時間に分割して各プログラムに配分することで，見かけ上の同時並行処理を可能にしている。

マルチタスク

③ メモリ管理

プログラムは，一度主記憶装置（メインメモリ）に格納されてから，実行される。限られたメモリを複数のプログラムで共有するためには，効率的なメモリの割り当てや解放が必要になる。また実際のメモリよりも大きなプログラムを実行するための**仮想記憶**という仕組みも，メモリ管理の重要な役割である。

仮想記憶

④ ユーザインタフェースの提供

ユーザが使用するアプリケーションソフトは多岐にわたる。一方，ソフトウェアどうしで共通する部分も多い。たとえば，ファイルの読込み/保存，編集（コピー/貼付け等），印刷などは多くのソフトウェアに共通する操作である。また，メニューバーやダイアログボックス，ボタンコントロールなども統一されているほうが操作しやすい。このように，統一したユーザインタフェースを提供することもOSの機能の1つに含まれる。共通化した機能をまとめたものを**API**という。

API（Application Programming Interface）

■ 2　オペレーティングシステムの種類

① Windows

米マイクロソフト社が開発したOSで，パソコン用OSとしては現在最も普及している。同時に複数のウィンドウを開きながら処理を実行できる，マルチタスク機能をそなえている。Windowsを含め，最近のOSの多くはキーボードとマウスを使ってウィンドウを操作する。アイコンの選択，ウィンドウのオープン，メニューの選択など，マウスポインタで位置を指示しながら視覚的に操作することが多い。以前のコマンドベースの方法に比べ，初心者にもわかりやすい方法といえる。画面上のボタンやアイコンを視覚的に利用する操作環境を**GUI**という。

Windows

GUI（Graphical User Interface）

Windowsは1995年に登場したWindows95によって利用が広がり，その後数多くのバージョンが発表された。

② macOS/iOS

米Apple社が開発したOSである。macOSは同社のパソコンであ

macOS
iOS

る Macintosh 上で動作する。また，iOS は同社のスマートフォン/タブレット PC に組み込まれている OS である。

3 Android

Android

　米 Google 社が開発した OS であり，現在多くのスマートフォンやタブレット PC で利用されている。初版は 2008 年にリリースされている。

4 UNIX

UNIX：「ユニックス」と読む

　UNIX は米 AT&T 社で開発されたマルチタスク OS である。ネットワーク機能やセキュリティ面で優れていることから，インターネットのサーバ用 OS として広く利用されている。

5 Linux

Linux：「リナックス」と読む

　Linux は UNIX と同等の動作をする OS（UNIX 互換 OS）である。誰でも無料で使うことができる OS であり，入手や再配布を自由に行うことができる。ベンダー開発の OS とは異なり，インターネット上に仕様が公開された**オープンソース**のソフトウェアである。多くのプログラマによる改良が加えられた結果，高い安定性と信頼性を得ている。

オープンソース：プログラムの中身（ソース）が公開されている

6 MS-DOS

MS-DOS（Microsoft Disk OS）：「エムエスドス」と読む

シングルタスク

　米マイクロソフト社が開発した Windows の一世代前の OS である。同時には 1 つのプログラムしか実行できない**シングルタスク** OS である。基本的には，キーボードからコマンドを入力することによって操作を進めていく。このような操作環境を GUI に対して **CUI** と呼ぶ。現在，MS-DOS を単独で利用することはほとんどなくなっているが，旧環境との互換性から Windows の中に MS-DOS の実行環境が残されている。

CUI（Character User Interface）

3　ファイルとディレクトリの管理

1 記憶装置とドライブ

　記憶装置上のファイルは，**ディレクトリ**（**フォルダ**ともいう）と呼ばれる入れ物に格納されて管理される。OS が記憶装置上のファイルやディレクトリを管理する仕組みのことを**ファイルシステム**という。また，ハードディスク，CD/DVD/BD，USB ドライブなど，各ディスクにアクセスするための装置を**ドライブ**という。ドライブにはドライブ名が付けられる。Windows で

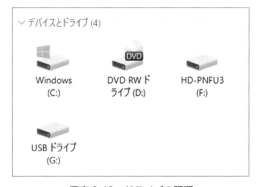

図表 2.49　ドライブの種類

はドライブ名を英字 1 文字で表す。たとえば図表 2.49 の場合，DVD-RW ドライブが「D：」，USB ドライブが「G：」，ハードディスクドライブが「C：」と「F：」となる。ハードディスクは，記録領域を論理的に分割することで，複数ドライブを設定することができる。

2 ディレクトリとファイル

ディレクトリは, 図表 2.50 のような階層的構造(ディレクトリツリー)を持つ。最上位のディレクトリを**ルートディレクトリ**といい, 下位のディレクトリを**サブディレクトリ**という。また, 現在, 作業 (操作) の対象となっているディレクトリを**カレントディレクトリ**という。階層ディレクトリは, 親子関係のような構造であると考えてよい。ドライブやディレクトリは, 共有することもできる。共有すると複数のユーザが共有ディレクトリ内のファイルを利用できるようになる。

ルートディレクトリ

サブディレクトリ

カレントディレクトリ

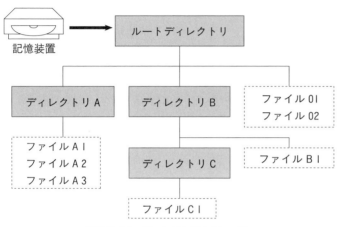

記憶装置

ルートディレクトリ

ディレクトリ A　　　ディレクトリ B　　　ファイル 01
ファイル 02

ファイル A1
ファイル A2　　　ディレクトリ C　　　ファイル B1
ファイル A3

ファイル C1

図表 2.50　ディレクトリとファイル

3 パスの指定

記憶装置上には多くのファイルが存在するため, ユーザはその中から自分に必要なファイルを指定する必要がある。このとき目的とするファイルやディレクトリを検索するための経路を**パス**(ディレクトリパス)という。パスには 2 種類あり, ルートディレクトリを起点として目的の位置までの経路を示す**絶対パス**, またカレントディレクトリを起点として目的の位置までの経路を示す**相対パス**がある。

パスの表記法は, ルートディレクトリを「/」, カレントディレクトリを「.」, 1 つ上位のディレクトリを「..」, ディレクトリやファイルの区切りを「/」の記号で表す。たとえば, 図表 2.51 のようなディレクトリ構造があるとする。カレントディレクトリを「myweb」としたときに,「photo」ディレクトリにある「pic001.jpg」ファイルを指定する場合のパスは次のようになる。

日本の場合「/」を「¥」で表す場合もある

①絶対パス ··

ルートディレクトリから「images」→「photo」というディレクトリをたどって,「pic001.jpg」のファイルを指定すればよい。

絶対パス

> 絶対パス　→　/images/photo/pic001.jpg

②相対パス ·· **相対パス**

　目的のファイルはカレントディレクトリ「myweb」にはないので，一度上位のディレクトリに戻る必要がある。「../../」と指定することで(2回戻ることで) ルートディレクトリにたどりつくので，そこから「images」→「photo」という順にディレクトリをたどればよい。

> 相対パス　→　../../images/photo/pic001.jpg

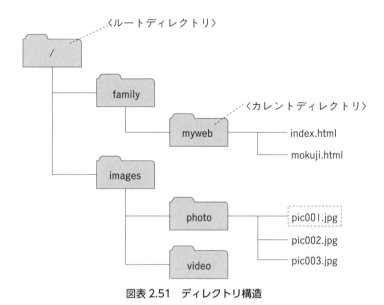

図表 2.51　ディレクトリ構造

5 ┊ パソコンの利用と環境設定

■1■　ソフトウェアの設定

① ソフトウェアのインストール

　アプリケーションソフトを利用するためには，パソコンにソフトウェアを組み込む必要がある。この作業を**インストール**という。ソフトウェアは CD/DVD などのディスクで入手する方法や，ネットワークからダウンロードする方法がある。インストール作業は，インストーラというプログラムを実行することで行う。多くのソフトウェアは使用条件などが決められているため，インストールの際に表示される使用許諾契約画面をよく読む必要がある。 **インストール**

　パソコンによっては購入時に，すでにアプリケーションソフトがインストールされているものもあるが，このようなソフトウェアを**プリインストールソフト**という。インストール作業が不要なためすぐに利用でき **プリインストール**

るのが利点である。反面，必要のないソフトウェアがインストールされ
ていると，記憶装置を無駄に占有することにもなる。

2 ユーザ登録とアップデート

新しいソフトウェアを使用する場合は，事前に**ユーザ登録**を行う。ユー
ザ登録を行うことで，ソフトウェア提供者は正規ユーザを認識すること
ができる。正式な使用権を持たないユーザやソフトウェアの不正コピー
を防止する意図がある。

ユーザ登録

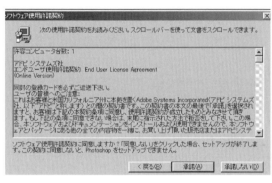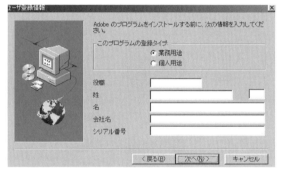

図表 2.52　ソフトウェアの使用許諾契約とユーザ登録

ユーザ登録を行うことによって，メーカサポートや不具合対策（バグ
対策），バージョンアップなどのサービスを受けられるようになる。ソ
フトウェアを最新の状態にすることを**アップデート**という。多くの場合，
アップデートはインターネット経由で行われる。ソフトウェアによって
は，バージョンアップを行う際に旧バージョンの削除が必要にな
る場合がある。不要になったソフトウェアを削除することを**アン
インストール**という。

アップデート
アンインストール

2　パソコンの環境設定

1 ディスクのフォーマット

ハードディスクや USB ドライブのような書き換え可能な記録
メディアに対して，データの書き込みができるようにディスクを
初期化することを**フォーマット**という。ディスクを初めて使う場
合や，使用中のディスクを初期状態（購入直後の状態）に戻した
いときに行う。再フォーマットすると今まで記録されていた内容
はすべて削除されるので，注意する必要がある。

2 スキャンディスク

スキャンディスク（チェックディスク）は，ハードディスク内
に破損しているファイルがないかどうかを検査するソフトウェア
である。破損の状況によっては修復することも可能である。
Windows では，処理中にエラーが発生して再起動されたような

図表 2.53　ディスクのフォーマット

スキャンディスク

場合に，スキャンディスクが自動起動されることがある。

③ デフラグメンテーション（デフラグ）

ハードディスク内には大量のデータが保存される。データの更新や削除が繰り返し行われると，**フラグメンテーション**が発生する。フラグメンテーションとは，ディスク内のファイル配置が不連続（断片化）となり，連続した空き領域が少なくなってしまう状態のことである。このように記憶領域が断片化するとファイルのアクセス効率が悪くなってしまう。このような状態を解消して，ディスクのアクセス効率を高めるソフトウェアを**デフラグ（ハードディスク最適化）**という。

デフラグメンテーション

フラグメンテーション

④ BIOS の設定

BIOS は，コンピュータに関する基本的な設定を管理する制御プログラムである。CPU やバスに関する設定，ハードディスクの設定，ブート用デバイスの設定などを行うことができ，その情報はマザーボードの不揮発メモリに格納されている。**ブート**とはシステムの起動という意味であり，パソコンの電源を投入してから使用可能になるまでの一連のプロセスのことをいう。パソコンを起動し直すことを**リブート，リスタート，リセット**などと呼ぶ。日常的な使用の範囲では，BIOS の設定などは必要ないが，ブート用デバイスの変更などの際には BIOS 設定が必要になる。

BIOS (Basic Input/Output System)

ブート

リブート
リスタート
リセット

⑤ RAID

RAID とは，複数台のハードディスクを利用してデータを管理する技術のことである。データの分割配置や並列アクセスを行うことで，高速性，信頼性，耐障害性を高めることを目的としている。現在，RAID には RAID0 から RAID6 までの種類がある。

RAID (Redundant Arrays of Inexpensive Disks)：「レイド」と読む

3　ウィンドウの操作

パソコンを利用するときには，マウスポインタやキーボードを使ってコンピュータに指示を与えるが，ユーザとコンピュータの仲介をはかる装置や仕組みのことを**ヒューマンインタフェース**あるいは**ユーザインタフェース**と呼ぶ。キーボード入力だけで操作するインタフェースを CUI といい，MS-DOS など一世代前の OS で利用されていた。現在の多くは，視覚情報を用いてアイコンやメニューをマウスポインタで操作するインタフェースが中心であり，このような操作環境を GUI という。

ヒューマンインタフェース
ユーザインタフェース

① メニューバー

メニューを分類分けして整理したもので，メニュー項目をクリックすることにより，下位の項目が**プルダウンメニュー**で表示されるようになっている。

メニューバー

プルダウンメニュー

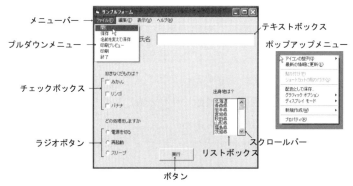

メニューバー ——

プルダウンメニュー ——

テキストボックス

ポップアップメニュー

チェックボックス ——

ラジオボタン ——

スクロールバー

リストボックス

ボタン

図表 2.54　GUI サンプル

2 **チェックボックス**

　機能を選択する・しないを決めるためのインタフェースである。ク
リックすると四角の中にチェックマークが付き，オンとオフが切り替わ
る。同時に複数項目を選択することができる。

3 **ラジオボタン**

　グループの中から，項目を 1 つだけ選択するインタフェースである。
選択した箇所にはマークが付く。

4 **リストボックス**

　ラジオボタンと同様，基本的に項目を 1 つだけ選択するときに使用
するインタフェースである。選択肢がリスト形式で表示され，項目数が
多い場合はスクロールバーを使って選択ができる。複数選択可能のもの
もある。

5 **テキストボックス**

　キーボードから，数値や文字を入力するためのボックスである。

6 **ボタン**

　マウスでクリックすると，ボタンに登録されている処理が実行される。

7 **ポップアップメニュー**

　マウスを右クリックしたときなど，その場に一時的に表示されるメ
ニューをポップアップメニューという。

■ 4　　ファイル形式とマルチメディア

　コンピュータで扱うことができる情報には，文字情報に加え静止画，
動画，図形，音声などさまざまな形態がある。これらの情報をマルチメ
ディア情報という。パソコンはマルチメディア情報を統合的に扱うこと
ができる。文字情報はデータ容量が小さくてすむが，静止画，動画，音
声などはファイルサイズが大きくなるため，データをそのまま送受信す
るとネットワークに負荷がかかる。これを回避するため，ファイルサイ
ズを小さくする圧縮技術がよく利用されている。一度圧縮したファイル

チェックボックス

ラジオボタン

リストボックス

テキストボックス

ボタン

ポップアップメニュー

を元の状態に復元することを解凍という。解凍したときに完全に元の
ファイルに復元できる圧縮を可逆圧縮といい，元に戻らない圧縮を非可
逆圧縮という。

① 静止画のファイル形式

① **BMP**：Windows 標準の画像ファイルである。非圧縮形式のた
めファイルサイズは大きくなる。

② **JPEG**：写真データに適したファイル形式でフルカラーに対応し
ている。非可逆圧縮のため一度圧縮すると元には戻らない。圧縮率
を高くすると画像の劣化が激しくなる。

③ **GIF**：イラスト画像などによく利用されるファイル形式で，透過
処理やアニメーションが可能になっている。色を 256 色までしか
表現できないため，写真には不向きである。

④ **PNG**：フルカラーに対応したファイル形式で，写真データ・イ
ラスト画像のどちらにも適している。透過処理が可能であり，圧縮
した画像を完全に復元できる可逆圧縮に対応している。JPEG に比
べるとファイルサイズはやや大きくなる。

② 動画のファイル形式

① **AVI**：Windows 標準の動画形式として，古くから利用されている。

② **MPEG**：動画データの代表的なファイル形式である。圧縮方法の
違いによって，MPEG-1，MPEG-2，MPEG-4 などの規格がある。
MPEG-1 はビデオ CD 規格，MPEG-2 は DVD 規格，MPEG-4
はより汎用的な形式であり，インターネット上で多く流通している。

③ **MOV**：Apple 社が開発した動画ファイルの形式である。

③ 音声・音楽用のファイル形式

① **WAV**：Windows 標準の音声ファイルである。非圧縮のためファ
イルサイズは大きくなる。

② **MP3**：音声データの圧縮規格の一つである。MPEG の技術が利
用されており，音質をあまり劣化させずにファイルサイズを小さく
できるので，楽曲の配信や携帯音楽プレーヤなどでよく利用されて
いる。

③ **AAC**：音声データの圧縮規格の１つである。MP3 の後継規格と
して登場し，音質や圧縮効率が MP3 よりも向上している。

④ **MIDI**：MIDI は楽曲情報の規格を示すものである。データの内容
は音情報そのものではなく，楽器の音色や種類を数値化して表現し
たテキストデータである。そのためファイル容量は非常に小さい。
MIDI 音源を用いて楽曲を演奏する。

5　作業環境の安全性と快適性

1　エルゴノミクス機器

　エルゴノミクスとは人間工学という意味である。人間にとって扱いやすいように，安全性や快適性を追求して設計された器具や装置をエルゴノミクス機器という。人間の体型を考慮した机や椅子，手や指の形状に合わせて設計されたキーボードやマウス，目にやさしいディスプレイなど，長時間使用しても疲れにくく，身体への影響が少ないような装置の研究が進んでいる。

2　ケーブルや配線の取り扱い

　パソコン背面には多くのケーブルやコードが接続されている。安全性や美観の観点から，配線が乱雑にならないよう工夫することが大切である。カーペットの下に敷設できるアンダーカーペットケーブルを利用すると，ケーブルが見えなくなり歩行の邪魔にならない。

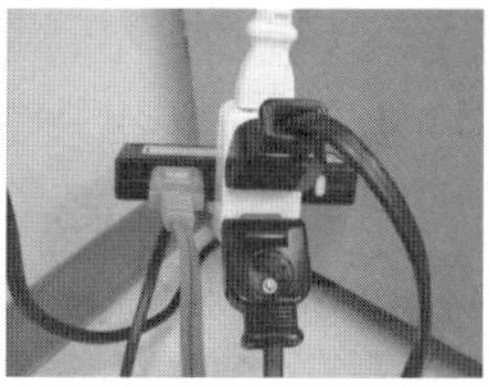

図表 2.55　たこ足配線

　電源コードについては，安全性の面からも注意が必要である。1つのコンセントにたくさんの機器を接続する**たこ足配線**は，許容電流の超過によって発熱・発火の原因となる。また，電源コードを折りたたんで束ねるような使い方も，過熱の原因となる。いずれも火災につながる危険性があり厳禁である。

3　室内の環境設定

　室内の環境を整え，**アメニティ**（快適性）を確保することは作業をする上で大切なことである。室温/湿度の調整，防塵対策，パソコン周りの整理整頓などを心がけるようにしたい。精密な機械部品は塵やホコリ，湿気，静電気などが故障の原因となる。部屋全体の照明は，適度な明るさに調整する。照明が反射してディスプレイがまぶしくなる状態を**グレア**というが，目に負担がかかるため対策が必要である。グレア対策としては，ディスプレイに反射防止用の保護フィルタを付ける方法や，光源に**ルーバ**（照明カバー）取り付ける方法などがある。長時間のパソコン作業は眼精疲労，ドライアイ，頭痛，肩こり，腱鞘炎などの原因になる。身体への負担や影響を考え，適度な休憩を必ずとるようにしたい。

図表 2.56　ルーバ

章末問題

→ **問題 1** 次の入出力装置に関する各設問に答えよ。　　［平成 28 年後期　問題 5　入出力装置］

<設問 1 >　次の表示装置に関する記述中の [　　　　] に入れるべき，適切な字句を解答群から選べ。

　現在の表示装置の主流である [(1)] ディスプレイは，2 枚のガラス板の間に特殊な物質が入れてあり，その一部に電圧をかけることで分子の向きを変えることにより光の透過率を変えて表示する仕組みになっている。これをコントロールすることで色を制御する。ただし封入された物質自体は発光しないので，[(2)] という光源を必要とする。

　これに対して，ガラス板などに特殊な化合物で作った薄い膜を貼り付け，電圧をかけて発光する表示装置が [(3)] ディスプレイである。これらは光の三原色（[(4)]）それぞれに発光する化合物を規則正しく配置したものや，白色光を発する化合物に光の三原色それぞれの色のカラーフィルタを被せたものがある。また，[(1)] ディスプレイに比べて，消費電力が少ない，視認性が高い，曲がった面や柔らかい面を表示面にできるという利点もあるが，コストが高く，大画面化が難しいなどの欠点もある。

（1）～（3）の解答群

　　ア．CRT　　　　　　　イ．液晶　　　　　　ウ．ノングレア
　　エ．バックライト　　　オ．プラズマ　　　　カ．有機 EL

（4）の解答群

　　ア．赤，青，黄　　イ．赤，緑，青　　ウ．赤，緑，黄　　エ．赤，黄，黒

<設問 2 >　次の印刷装置に関する記述中の [　　　　] に入れるべき，適切な字句を解答群から選べ。

　家庭で使用する印刷装置の主流である [(5)] プリンタは，ノズルの先端から微細なインクを噴射させて着色する方式である。色の三原色（[(6)]）である 3 つのインクでフルカラー印刷が可能であるが，きれいな黒の表現や，写真の印刷にも対応させるためインクを複数追加しているプリンタもある。

　一方，[(7)] プリンタは，感光体のドラムにトナーを付着させ，ドラムを回転させながら表面を熱しトナーを溶かして紙に転写する方式である。[(5)] プリンタに比べて，印字品質が高い，印字速度が速い，静かであるという利点もあるが，発熱量や消費電力が大きく，トナーやドラムなど消耗品の購入金額が高くなる欠点もある。

（5），（7）の解答群

　　ア．インクジェット　　イ．シリアル　　　　ウ．ドットインパクト
　　エ．ライン　　　　　　オ．レーザ

（6）の解答群

　　ア．シアン，ブルー，イエロー　　　　イ．シアン，マゼンタ，イエロー
　　ウ．シアン，マゼンタ，ブラック　　　エ．シアン，マゼンタ，ブルー

第3章

ネットワーク

1 インターネットとは

1 インターネットの歴史

　インターネットは，1960 年代に米国国防省が中心となって，政府機関と軍事機関のコンピュータをネットワークで接続した **ARPANET** が基盤となっている。このあとに大学や研究機関などにも開放され，世界的な規模に発展した。ネットワークどうしを接続していることより，ネットワークのネットワークともいわれている。インターネットが広まった理由の 1 つとして，**WWW**（ワールドワイドウェブ）の果たした役割は大きいといわれている。1993 年に **Mosaic** が登場し，ハイパーテキストの機能を非常に使いやすい形で提供して，この **Web ブラウザ**（ブラウザ）が，インターネット上の情報をビジュアルに簡単に表示し，インターネットの普及に拍車がかかったといわれている。

ARPANET（Advanced Research Projects Agency NETwork）

WWW（World Wide Web）
Mosic：イリノイ大学の NCSA が開発した Web ブラウザ
Web ブラウザ（Web browser）

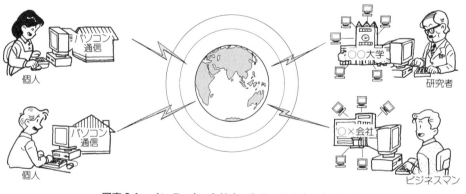

図表 3.1　インターネットはネットワークのネットワーク

　インターネットで使用するコンピュータは，**UNIX** を基本 OS として発展してきた。UNIX に使用した通信プロトコルが **TCP/IP** であるため，インターネットでの標準通信プロトコルは TCP/IP となっている。

2 インターネットサービスプロバイダの役割

　インターネットを利用するには，インターネットサービスプロバイダ（ISP）と契約をして，接続するのが一般的である。ISP は，インターネッ

UNIX：1969 年に米 AT&T ベル研究所が開発したマルチタスク OS
TCP/IP（Transmission Control Protocol/Internet Protocol）
ISP（Internet Services Provider）：インターネットへの接続を提供する事業者

トへの接続だけを提供する事業者と，通信回線も含めて提供する事業者がある。この ISP と契約することにより，インターネットでの Web ページの閲覧や電子メールの利用などのさまざまな通信サービスを利用することができるようになる。

3 インターネットでできること

インターネットを利用すると，Web ページの閲覧，情報の収集，電子メールなどを利用したコミュニケーション，列車の時刻検索，指定券の予約，本の購入，テレビ会議，ネットオークション，ネットゲーム，SNS，ネットバンキング，日本中の食べ物を注文できたり，映像配信を利用した映像の視聴，好きな音楽の購入もできる。また，インターネット上には，多くの有益な情報が存在している。しかし，誰でも自由に情報配信ができるため，誤った情報なども混在している。その情報の信ぴょう性は，利用者が適切に判断する必要がある。

常にインターネットに接続している場合は，外部から侵入される危険性が高くなる。**マルウェア**や**クラッカー**の侵入などである。これによりコンピュータが破壊されたり，コンピュータ内部にある個人情報などが盗まれる危険性があることにも注意が必要である。また，偽装したWeb ページに誘導し，個人情報を入力させて盗み取る**フィッシング詐欺**などもある。インターネットを利用して物品を購入する場合には，普通の商店での物品の購入のように，顔を合わせてお金を支払うのではなく，銀行振込などをして，振り込まれたら商品が発送されてくるなどの方法で取引が行われる。そのため，代金を振り込んだのに商品が届かないなどの詐欺にあう場合もあり，注意が必要である。運送会社がものを届けるときに料金を受け取る代引きを利用することもできる。

このように便利になった反面，コンピュータに対するセキュリティの強化が必要であること，また人的な部分として，直接顔を合わせないことから，匿名性が高いことに注意しなければならない。

> **マルウェア** (Malware)：悪意を持ったソフトウェアの総称
> **クラッカー** (Cracker)：コンピュータなどに悪意を持って侵入し，改ざん，盗聴などを行う人
> **フィッシング** (Phishing) **詐欺**

2 インターネットへの接続

1 FTTH

FTTH は，光ファイバを用いた通信回線を利用した高速デジタル通信網である。通信速度は 10 Mbps～1000 Mbps と高速である。コンピュータとの接続には，メディアコンバータが必要であり，このメディアコンバータにより光ファイバに流れる信号を LAN ボードに接続できる形式に変換する。

> **FTTH** (Fiber To The Home)

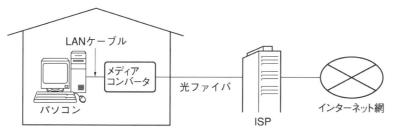

図表 3.2　FTTH での接続

2　CATV

　ケーブルテレビ（**CATV**）の専用ケーブルに，インターネットのデータ信号を流す方式である。そのためケーブルテレビの業者と契約する必要がある。コンピュータの接続には，スプリッタとケーブルモデムが必要である。CATV 回線からスプリッタでテレビ用とケーブルモデムへ振り分け，ケーブルモデムとコンピュータを接続する。ケーブルモデムとコンピュータの接続には，LAN ケーブルを使用する。

CATV（CAble TeleVision）

スプリッタ（Splitter）：信号を分離・合流する装置

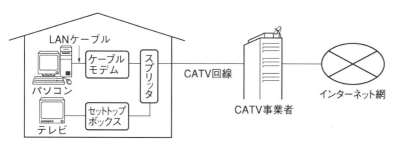

図表 3.3　CATV での接続

3　テザリング

　スマートフォンのインターネットに接続できる機能を利用し，インターネットに接続ができない機器をインターネットへ接続する仕組みである。パソコンなどを無線 LAN や USB，Bluetooth でスマートフォンに接続し，スマートフォンがルータの役割をしてインターネットへの接続を可能にする。

テザリング

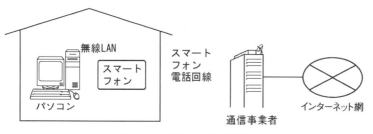

図表 3.4　テザリングでの接続

4　FWA

　無線を利用し，通信事業者の基地局と利用者のホームルータをつなぎ

FWA（Fixed Wireless Access）

インターネットに接続する。**WLL** とも呼ばれていた。配線の工事を行う必要なしに，インターネットの利用環境を手に入れることができる。

WLL（Wirelss Local Loop）

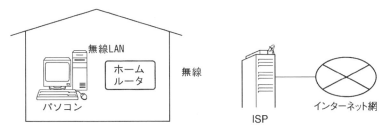

図表 3.5　FWA での接続

5　ADSL

　ADSL は，アナログの電話回線を利用してデータ通信を行う。データ信号は音声信号よりも高い周波数帯を利用しているため，インターネットに接続中でも電話を利用することができる。この 2 つの信号をスプリッタで分離をする。ADSL の A は Asymmetric の略で非対称を示しており，利用者から収容局（電話局）の上りと，収容局から利用者への下りの通信速度が異なることを示している。上りの通信速度は 288 kbps～1.5 Mbps，下りの通信速度は 1.5 Mbps～50 Mbps 程度となっている。高い周波数帯を利用しているため，ノイズに弱く収容局からの距離が遠くなるほど通信速度は低下する。

ADSL（Asymmetric Digital Subscriber Line）

　ADSL モデムとコンピュータの接続は，ブリッジタイプの ADSL モデムの場合には **LAN** ケーブルを使用する。

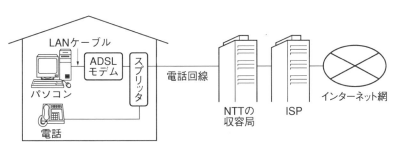

図表 3.6　ADSL での接続

6　その他の接続

1　アナログ回線でのダイヤルアップ接続

　アナログの電話回線を利用し，**モデム**を利用して ISP が用意しているアクセスポイントに電話をかけてインターネットに接続する。初期のインターネットの接続方法であり，通信速度は 56 kbps であった。

モデム（MODEM：Modulator/DEModulator）
アクセスポイント（Access Point）：ISP が用意した通信回線上の接続点のこと。無線 LAN の中継機もアクセスポイントと呼ばれる

2　ISDN 回線

　ISDN 回線はデジタル回線で，ADSL が普及する前には主流となっていた。ISDN 回線の場合には，**ターミナルアダプタ（TA）**とデジタルサー

TA（Terminal Adapter）

ビスユニット（DSU）が必要となる。通信速度は 64 kbps が基本となるが，これを 2 つ組み合わせて使用することもできた。ISDN 回線は提供終了が予定されている。

DSU（Digital Service Unit）

7　契約方式について

　インターネットの利用の契約には，**ベストエフォート方式**と**ギャランティ方式**がある。ベストエフォート方式では，通信速度は保障されず，回線を使う人が多い混雑時や収容局からの距離の影響などで通信速度が遅くなる場合がある。ギャランティ方式では，通信速度は保障される。

ベストエフォート方式
ギャランティ方式

3 ローカルエリアネットワーク

1　LAN

　ビルや学校といった敷地内などの限られた範囲内だけで利用されるネットワークを LAN，本社と支社などの遠隔地を結んで利用されるネットワークを **WAN** という。WAN の構築には従来専用線を利用することが多かったが，現在ではインターネットの中に仮想的にプライベートネットワークを構築する **IP-VPN** が多くなっている。

LAN（Local Area Network）
WAN（Wide Area Network）
IP-VPN（Internet Protocol-Virtual Private Network）

LANの例　　　　　　　　　WANの例

図表 3.7　LAN と WAN

2　LAN の特徴と目的

　LAN の利用によって，ファイルサーバ内にデータを保存しておくことにより情報の共有が可能になるほか，複数のコンピュータで 1 台のプリンタを利用するなど，コンピュータ資源の共有が可能になる。このように LAN の最大の目的は共有である。
　一方，LAN を通してのマルウェアの侵入やコンピュータの**クラッキング**など，セキュリティの問題が多く発生するようになっている。また，コンピュータの接続台数やネットワーク用の装置などの保守作業（メンテナンス）が複雑になったりするため，装置や情報の管理などが要求される。

クラッキング（Cracking）：コンピュータに押し入り，不正な操作などを行うこと

3　サーバ用 OS

　サーバ用 OS には，ネットワークに接続するコンピュータや利用者の

管理，障害が起きたときに被害を軽減するための **RAID** 機能や**バック
アップ**機能，ファイルやプリンタなどの共有機能を持ったものが多い。

RAID（Redundant Arrays
of Inexpensive Disks）：
ハードディスク等を複数台ま
とめて一台の装置として管理
する技術。RAID0〜RAID6
まである
バックアップ（Backup）：
故障などに備えて用意してい
る写しや代替え品
ユーザ ID
パスワード

■4 ネットワークの利用

　LAN や WAN などのネットワークの正規の利用者には，**ユーザ ID**
が付与される。ユーザは，各自の**パスワード**を設定し，ユーザ ID とパ
スワードを入力することでネットワークに接続することができ，ファイ
ルの利用や共有機器の利用が可能となる。

　管理者は，利用するユーザの利用権限を設定し，ファイルの利用や共
有機器の利用の制限をすることができる。利用者が多い場合には，利用
者のグループを作成し，グループごとに制限をすることもできる。

■5 LAN の形態

① クライアントサーバ型

　ネットワークにおいて，サービスを提供する側のコンピュータを**サー
バ**，サービスを利用する側のコンピュータを**クライアント**という。クラ
イアントサーバ型は，サービスを提供する側と提供される側のコン
ピュータを明確に分けた方式である。

サーバ（Server）

クライアント（Client）

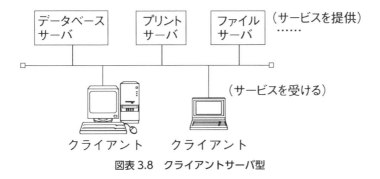

図表 3.8　クライアントサーバ型

② ピアツーピア型（peer to peer，P2P）

　サーバとクライアントという関係を持たない，互いに同等の立場に
なっているネットワークを示す。この場合，各コンピュータがサーバに
もクライアントにもなる。

4 ┊ LAN の構成要素

■1 NIC（Network Interface Card）

　LAN にコンピュータをケーブルで接続するときに，接続を可能にす
る部品である。コンピュータのマザーボードに内蔵されているもの，マ
ザーボードの拡張用インタフェースに増設するもの，USB インタフェー

スを利用するもの，ノート型のコンピュータ用では **PCMCIA** 規格の
PC カードなど，さまざまなタイプのものがある。現在のもののほとん
どは，ツイストペアケーブルを接続するための RJ45 が備わっている。
LAN ボード，LAN カード，LAN アダプタなどと呼ぶ場合もある。

PCMCIA (Personal Com-
puter Memory Card Inter-
national Association)
RJ45 (Registered Jack
45)：通信ケーブルをつなぐ
コネクタの形状の 1 つ

■2■ HUB（ハブ）

　複数台のコンピュータを接続するための集線装置である。ケーブルを
差し込むための口（ジャック）をポートと呼ぶ。HUB には，データを
すべてのポートに転送を行う**リピータ HUB** や MAC アドレスをもとに
送信するポートを選択する**スイッチング HUB** がある。HUB どうしを
接続して，ネットワークに接続できるコンピュータを増やすことができ
る。HUB どうしを接続することをカスケード接続という。カスケード
接続にツイストペアケーブルを用いる場合には，クロスケーブルを使用
する。現在の HUB では，カスケード接続なのかコンピュータを接続し
ているのか，どのようなケーブルを使用しているのかを自動的に判断す
る機能が備わっているものが多く，すべてにストレートケーブルを使用
しても特に問題はなくなってきている。

リピータ HUB

スイッチング HUB

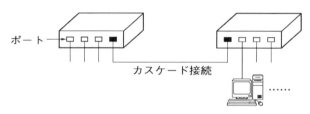

図表 3.9　カスケード接続

■3■ ケーブル

① ツイストペアケーブル

　2 本の線がよられており（ツイスト），それが 4 組入っているケーブ
ルである。先端には，RJ45 の端子が付いており，端子とケーブルの位
置関係により，クロスケーブルとストレートケーブルがある。クロスケー

ツイストペアケーブル
(Twisted pair cable)

ツイストペアケーブル

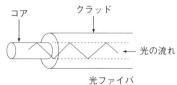

光ファイバ

図表 3.10　ケーブルの種類

ブルは，コンピュータとコンピュータを直接接続する場合や，HUBと
HUBを接続するカスケード接続の場合に用いられる。コンピュータと
HUBなど異なる機器との接続には，一般的にストレートケーブルが用
いられる。

電気特性の品質により，**カテゴリ（CAT）**分けされている。品質に
より，通信できる速度への対応が決まり，品質が高いケーブルほど高速
通信に対応している。

カテゴリ（Category）：分類，区分を意味する。CAT5，CAT5e，CAT6，CAT7などがある

② 光ファイバケーブル

光が通るコアを石英で被い，外側の皮膜で保護する形となっている。
電気信号ではなく，光の点滅に変換されて信号がコア内部を通り伝達さ
れる。高速，大容量であり，電磁気などのノイズの影響も受けない。ケー
ブルの設置・接続には，特殊な技術が必要である。

光ファイバケーブル（Optical fiber cable）

4 リピータ

LANどうしをつなぐ中継機である。LANの回線が長くなるにつれて
信号が減衰したり，信号波形が劣化してしまう。リピータはこの信号の
増幅や整形を行う。

リピータ（Repeater）

5 ブリッジ

LANどうしをつなぐ機器の1つであるが，リピータと異なるのは，
LAN間のデータ伝送の制御にMACアドレスを利用している。LANに
おけるネットワークの単位を**セグメント**という。たとえば，Aセグメン
トで発生したデータをBセグメントに送るかを決めるときにMACア
ドレスを利用し，Bセグメント宛の場合は転送し，Aセグメント内の場
合は破棄する。

ブリッジ（Bridge）

セグメント（Segment）：分割や区分を意味する

6 ルータ

LANどうしをつなぐ機器の1つであるが，TCP/IPのネットワーク

ルータ（Router）

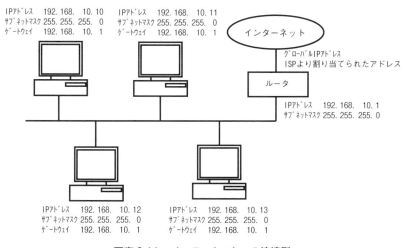

図表3.11　インターネットへの接続例

では，IPアドレスをもとに転送先を決める。ブロードバンド回線のインターネットの接続に使用する場合には，ブロードバンドルータを利用する。インターネットではグローバルIPアドレスが利用され，LANではプライベートIPアドレスが利用されている。そのため，IPアドレスの変換が行われ，1対1の変換を **NAT**，1対多の変換を **NAPT** という。Linuxに搭載されたNAPTの機能の名称を **IPマスカレード** という。

7 ゲートウェイ

異なるネットワークどうしを接続する中継装置で，外部のネットワークからの侵入を防ぐための機能を持っているハードウェアやソフトウェアのことをいう。OSI基本参照モデルのすべての階層を認識し，通信媒体や伝送方式の違いを吸収して異なるプロトコル間の接続を可能としている。

8 ファイアウォール

ファイアウォールとは，防火壁の意味で，外部からの侵入を防ぐために設置する。内部のネットワークとインターネットなどの外部のネットワークの境界に設置し，通信の中継・監視を行い，外部の攻撃から内部を保護するためのソフトウェアや機器，システムなどのことである。

9 DMZ

インターネットに公開するWWWサーバなどは，外部からのアクセスを許可しているため攻撃されやすい。内部のネットワークとインターネットは，ファイアウォールによって領域を分け，公開用のサーバを内部のネットワーク上に配置することはない。内部のネットワークとインターネットの中間に設置するのが非武装地帯（**DMZ**）であり，公開用のサーバなどはこのDMZ内に設置する。一般的に，ファイアウォールによって「インターネット→DMZ」「DMZ→インターネット」「内部ネットワーク→DMZ」の通信は許可されるが，「DMZ→内部ネットワーク」の通信は制限される。

10 無線LAN

電波や赤外線等を利用したLANのことであり，ケーブルを利用しないため，配線を気にしないでLANを構築することができる。一般的に無線LANという場合には，電波を利用したLANのことを示す場合が多い。1997年に米国電気電子技術者協会（**IEEE**）802委員会で標準化された。2.4GHzの周波数帯を利用し，当初は最大通信速度は2Mbpsであった。その後，2.4GHz帯を利用したIEEE802.11b（最大通信速度11Mbps），5GHz帯を利用したIEEE802.11a（最大通信速度54Mbps），2.4GHz帯を利用したIEEE802.11g（最大通信速度54Mbps）などが出ている。

NAT（Network Address Translation）
NAPT（Network Address Port Translation）
IPマスカレード（IP masquerade）
ゲートウェイ（Gateway）

ファイアウォール（Firewall）

DMZ（DeMilitarized Zone）

IEEE（Institute of Electrical and Electronics Engineers）

無線 LAN の最大の問題点はセキュリティであるため，セキュリティを強化した IEEE802.11i やより高速な規格として IEEE802.11n などもある。無線 LAN 製品には，Wi-Fi CERTIFIED のロゴが付いているものが多くあるが，これは Wi-Fi アライアンスが異なるメーカ間の相互接続を保障しているものである。

1 SSID（ESSID）

無線 LAN で通信相手を識別するためのものである。グループ名のようなもので，同じ SSID を親機であるアクセスポイントと子機となる利用者側のコンピュータに設定することにより，通信できるようになる。アクセスポイントがこの SSID を公開している場合には，子機側は使用する SSID を選択する。不正アクセスされないように SSID を非公開にするステルス機能のあるものもあり，この場合は SSID を手入力する。

2 WEP，WPA

無線 LAN では，電波の傍受の対策が必要であり，WEP は無線 LAN で通信データを暗号化する機能の 1 つである。共通鍵暗号方式が利用されており，アクセスポイントと子機側に同じ鍵（WEP キー）を設定する必要がある。暗号化に使う鍵の長さは，64 ビット，128 ビットなどがある。

WPA は，WEP の脆弱性を改善した暗号方式の規格である。ユーザ認証機能や，暗号化のときに使う鍵を定期的に自動更新する機能などが追加されている。

3 MAC アドレスを用いたフィルタリング

無線 LAN で使用する機器にも有線の LAN の機器と同じように，MAC アドレスが割り当てられている。MAC アドレスは一意の番号であるため，同じ番号は存在しない。アクセスポイントに接続できる機器の MAC アドレスを登録しておくことにより，アクセスポイントが利用できる機器を限定することができ，不正使用対策になる。

5 プロトコル

プロトコルとは，通信を行う上での「約束ごと」であり，通信規約ともいう。この通信規約が統一されていないと通信を行うことができない。NetBEUI，IPX/SPX などさまざまな種類のプロトコルが利用されていたが，インターネットでは標準通信プロトコルとして TCP/IP が使われており，LAN においても TCP/IP が主流となっている。

TCP/IP は，パケット伝送という方式を用いてデータの送受信を行っ

Wi-Fi：現在，無線 LAN で Wi-Fi の認定を受けていないものがほとんどないため，Wi-Fi と無線 LAN は同じものとして扱われている。しかし，Wi-Fi と表示されていても，無線 LAN の規格のため数種類あることに注意が必要である

SSID（Service Set IDentifier）

ESSID（Extended Service Set IDentifier）

WEP（Wired Equivalent Privacy）

WPA（Wi-Fi Protected Access）

MAC アドレス（Media Access Control address）

NetBEUI（NetBIOS Extended User Interface）：ネットワークプロトコルの 1 つ

IPX/SPX（Internetwork Packet eXchange/Sequenced Packet eXchange）：ネットワークプロトコルの 1 つ

ている。パケット伝送とは，データを**パケット**といわれる単位に分け，各パケットに宛先を示す IP アドレスなどを付加し，送信を行う。パケットを受け取る側は，分割されて届いたデータを結合することで，元のデータを得ることができる。TCP/IP は，IP を用いて構築したネットワーク上で TCP や UDP を使ってコンピュータどうしが通信する環境，またはプロトコル群の総称である。

パケット (Packet)

OSI 基本参照モデル		TCP/IP	TCP/IP プロトコル群		
第7層	アプリケーション層	アプリケーション層（応用層）	Telnet SMTP DHCP NFS SNMP FTP POP HTTP DNS SMB MIME IMAP TLS NPT Telenet		
第6層	プレゼンテーション層				
第5層	セッション層		Socket RPC NETBIOS		
第4層	トランスポート層	トランスポート層(TCP)	TCP UDP NetWare/IP		
第3層	ネットワーク層	インターネット層 (IP)	IP RIP OSPF ARP		
第2層	データリンク層	ネットワークインタフェース層	イーサネット，トークンリング，FDDI	PPP SLIP	
第1層	物理層				

図表 3.12　TCP/IP プロトコル群

① **IP**　　　パケットの伝送を行いつつ，ネットワークに参加している機器の IP アドレスの割り当てや，相互に接続された複数のネットワーク内での通信経路の選定をするための方法を定義している。

IP (Internet Protocol)

② **TCP**　　アプリケーション層に対して，信頼性のあるサービスを提供する。端末間での通信の確立の確認やパケットの再送信機能がある。

TCP (Transmission Control Protocol)

③ **UDP**　　TCP と同様にデータの通信を行う。通信の確立の確認や再送信機能はない。

UDP (User Datagram Protocol)

④ **POP**　　電子メールの受信時に使われる。現在は Version3 の POP3 が使われている。

POP (Post Office Protocol)

⑤ **IMAP**　電子メールの受信で使われる。メールはサーバで管理される。

⑥ **SMTP**　電子メールの送信時に使われる。ユーザからサーバや，サーバからサーバへの送信時に使用される。

SMTP (Simple Mail Transfer Protocol)

⑦	FTP	ファイル転送を行うときに使われる。ファイルのアップロードやダウンロードのときに使用される。	**FTP** (File Transfer Protocol)
⑧	MIME	画像や音声，動画など，さまざまなデータを転送するために使われる。	**MIME** (Multipurpose Internet Mail Extensions)
⑨	PPP	2点間を接続して通信を行う。	**PPP** (Point-to-Point Protocol)
⑩	HTTP	HTML などのコンテンツを転送する。Web サーバから Web ブラウザにコンテンツを転送するときに使用される。	**HTTP** (HyperText Transfer Protocol)
⑪	HTTPS	HTTP に暗号化の機能を付加したものである。	**HTTPS** (HyperText Transfer Protocol over transport layer Security)
⑫	TLS（SSL）	Web ブラウザと Web サーバ間でのデータを暗号化する。SSL3.0 の次のバージョンがTLS1.0 である。	**TLS** (Transport Layer Security) **SSL** (Secure Sockets Layer)
⑬	DHCP	コンピュータ起動時に IP アドレスを割り当て，終了時に回収する。	**DHCP** (Dynamic Host Configuration Protocol)
⑭	DNS	ドメイン名と IP アドレスを相互変換する。	**DNS** (Domain Name System)
⑮	Telnet	TCP/IP ネットワークで，遠隔地のコンピュータに接続する。	**Telnet**
⑯	NTP	TCP/IP ネットワークで，正しい現在の時刻を取得する。	**NTP** (Network Time Protocol)
⑰	ARP	IP アドレスから MAC アドレスを求める。	**ARP** (Address Resolution Protocol)

6 IP アドレス

1　IP アドレス

　IP アドレスとは，TCP/IP を利用したネットワークにおいて，各ネットワーク機器に割り当てられる数字列であり，重複してはいけない番号である。現在では **IPv4** が使われており，32 ビットが割り当てられる。32 ビットの場合，組み合わせとして約 43 億通りあるが，不足してきているため 128 ビットの **IPv6** になりつつある。IPv4 における IP アドレスは，一般的には 10 進数で表記されていることが多く，172.16.5.104 というように 0~255 の数値を 4 つ組み合わせて表示されている。

IPv4 (Internet Protocol Version 4)

IPv6 (Internet Protocol Version 6)

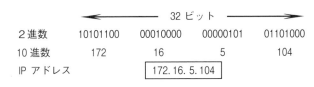

	← 32 ビット →			
2 進数	10101100	00010000	00000101	01101000
10 進数	172	16	5	104
IP アドレス		172.16.5.104		

図表 3.13　IP アドレスの表現

インターネット上で利用されるIPアドレスは一意でなければならないため，**NIC**が世界中のIPアドレスを管理している。日本では，**JPNIC**が国内のIPアドレスの割り当てと，ドメイン名の管理などを行っている。

NIC（Network Information Center）
JPNIC（Japan Network Information Center）

2 　IPアドレスとドメイン名

IPv4の32ビットのIPアドレスは，数字列であるためコンピュータは管理しやすいが，人間にとってはとても扱いにくいものになってしまう。そこで，**ドメイン名**として一定の規則に従った文字の集まりで表現されるようになった。インターネット上ではドメイン名は，IPアドレスと1対1で対応しており，ドメイン名を指定すると，DNSサーバによりIPアドレスに自動的に変換される。ドメイン名は任意名＋組織・属性＋国名などで構成されている。

ドメイン名（Domain name）

図表 3.14　ドメイン名の例

ドメイン	国名
us	アメリカ
jp	日本
uk	イギリス
ru	ロシア
fr	フランス
es	スペイン
au	オーストラリア

図表 3.15　代表的な国のドメインの例

ドメイン	組織の分類
ac.jp	大学関係組織
ad.jp	ネットワーク管理組織
co.jp	企業・営利団体
ed.jp	大学以外の教育関係組織
go.jp	政府関係組織
ne.jp	ネットワークサービス
or.jp	そのほかの組織
pref.<道府県名>.jp	道府県およびその下部組織
metro.<市区町村名>.jp	東京都およびその下部組織
city.<市区町村名>.jp	政令指定都市およびその下部組織

図表 3.16　日本における基本的なドメイン名の定義

3　サブネットマスク

　サブネットマスクとは，ネットワーク内にあるコンピュータなどを仮想的に複数のネットワークに分けて管理するためのものである。IP アドレスとサブネットマスクの論理積を計算することにより，ネットワークアドレスを求めることができる。ルータなどのアドレス変換を行う機器を使用しない場合には，このネットワークアドレスが同じものどうしが通信を行うことができる。

　たとえば，IP アドレスが 192.168.2.1 で，サブネットマスクの値が 255.255.255.0 の場合，ネットワークアドレスは 192.168.2.0 となる。

IP アドレス	192.168. 2.1	11000000.10101000.00000010.00000001
サブネットマスク AND	255.255.255.0	11111111.11111111.11111111.00000000
ネットワークアドレス	192.168. 2.0	11000000.10101000.00000010.00000000

すなわち 192.168.2.0 となる値のアドレスである 192.168.2.1〜192.168.2.254（192.168.2.0，192.168.2.255 は除く）が同一グループとなり通信可能となる。

　サブネットマスクの値が，255.0.0.0 をクラス A，255.255.0.0 をクラス B，255.255.255.0 をクラス C など 5 つのクラスがある。

　IP アドレスとサブネットマスクを，まとめて表記する方法として **CIDR** がある。192.168.2.1/24 というように，IP アドレスとサブネットマスクの先頭から連続する 1 のビット数を "/" の後に記述する。

4　プライベート IP アドレス

　IP アドレスは一意でなければいけないが，TCP/IP を利用した LAN で使用する場合に，インターネット上で使用されている IP アドレスである**グローバル IP アドレス**をすべてのネットワーク機器に割り当てることはできない。そこで LAN で使用するコンピュータなどに割り当てる IP アドレスが用意されている。このアドレスは，個別の LAN 内で重複が起こらない限り，ネットワーク管理者が自由に決めることができるアドレスであり，これを**プライベート IP アドレス**という。

クラス	プライベートで利用してよい IP アドレス
クラス A	10.0.0.0　〜　10.255.255.255
クラス B	172.16.0.0　〜　172.31.255.255
クラス C	192.168.0.0　〜　192.168.255.255

図表 3.17　プライベート IP アドレス

サブネットマスク（Subnet mask）

IP アドレスは，下位のアドレスがすべて 0 のアドレスはネットワークアドレス，すべて 1 のアドレスはブロードキャストアドレスとなるため使用はできない

CIDR（Classless Inter–Domain Routing）

グローバル IP アドレス（Global IP address）：グローバルアドレスともいう。インターネット上で利用されている IP アドレス

プライベート IP アドレス（Private IP address）：プライベートアドレス，ローカルアドレスともいう。LAN など内部で運用されている IP アドレス

7 サーバの種類

ネットワークに接続されているコンピュータで，他のコンピュータの処理要求を受け，それを処理するコンピュータをサーバと呼ぶ。インターネットなどで利用されているサーバには，次のようなものがある。

① **WWW サーバ**（Web サーバ）

Web ブラウザからの要求を受け付け，コンテンツを送信する。

② **SMTP サーバ**

電子メールの送信を行う。

③ **POP サーバ**

電子メールの保管，利用者にダウンロードさせる。

④ **メールサーバ**

電子メールに利用されるサーバで SMTP サーバや POP サーバを示す。

⑤ **FTP サーバ**

ファイルの送受信を行う。

⑥ **DNS サーバ**

IP アドレスとドメイン名の相互変換を行う。

⑦ **DHCP サーバ**

IP アドレスの割り当て，回収を行う。

⑧ **proxy サーバ**

LAN のクライアントのように，直接外部の WWW サーバにアクセスできないコンピュータに代わり，インターネットに接続を行う代理サーバである。

⑨ **ストリーミングサーバ**

音楽や動画のファイルすべてをダウンロードしなくても，一部を取り込んだ状態で再生を始めることをストリーミングという。ストリーミングに対応したデータを配信するサーバを，ストリーミングサーバという。

WWW サーバ

SMTP サーバ

POP サーバ

メールサーバ

FTP サーバ

DNS サーバ

DHCP サーバ

proxy サーバ

ストリーミングサーバ
(Streaming server)

8 WWW の仕組みと利用

1　WWW の仕組み

Web ページは，非常に多くの WWW サーバに登録されており，クライアントの要求を常時受け付けて，要求に従って **HTML** ファイルな

HTML（HyperText Mark-up Language）

どのデータを HTTP プロトコルに従って送信を行う。送信されたデータは，クライアントが使っている Web ブラウザによってビジュアルに表示される。1 ページ分のファイルを Web ページ，同じドメイン内にひとまとまりに公開されている Web ページ群を Web サイトと呼ぶ。以前は Web ページのことをホームページと呼んでいたが，ホームページとはそのサイトの最初の入口のページの意味も持つため，Web ページと呼ぶようになってきている。WWW サーバを Web サーバとも呼ぶ。

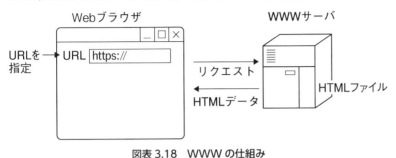

図表 3.18 　WWW の仕組み

2 　Web ブラウザ

　Web ブラウザ（ブラウザ）は，Web ページを閲覧するときに必要なソフトウェアである。Web ブラウザの種類やバージョンによって，HTML で使用できる命令などが異なっているため，表示できるサイトが限られてしまう場合がある。

3 　文字化け

　インターネット上では，いろいろな文字コードが利用されている。この文字コードが Web ブラウザの設定と一致していないと，図のように文字が記号の羅列のように表示されてしまう。これを「文字化け」という。適切な文字コードを利用すれば正常に表示することができる。また，自動的に文字コードを認識してくれる機能もある。

4 　URL

　Web ブラウザで Web ページを閲覧するときには，アドレスの欄に IP アドレスか URL を指定する。URL は，プロトコル名＋**ホスト名**＋ドメイン名＋ディレクトリ名＋ファイル名の組み合わせで構成されている。ディレ

図表 3.19 　文字化けの例

URL（Uniform Resource Locator）

ホスト名：ネットワークを介して別のコンピュータなどに提供するホストコンピュータの名前。ホスト名＋ドメイン名をホスト名と呼ぶこともある

https://www.aaaaa.ac.jp / public_html/index.html
プロトコル名　ホスト名　ドメイン名　　ディレクトリ名　　ファイル名
図表 3.20 　URL の構造

クトリ名＋ファイル名はパス名とも呼び，サーバによっては大文字と小文字を区別しているので，注意が必要である。

5　ブックマーク（お気に入り）

　一度閲覧し，再度閲覧する可能性のある Web ページの URL を，ショートカットとして登録しておき，次回からリストの中から選択することで，その Web ページを閲覧することが可能となる。

6　検索サイト

　検索サイトとは，検索などができるサービスを提供している Web サイトのことである。情報をキーワードなどを使って検索できる**検索エンジン**（サーチエンジン）を備えている。検索の仕組みにはディレクトリ型とロボット型がある。

検索エンジン（サーチエンジン，Search engine）

・ディレクトリ型

　ディレクトリ型の検索サイトは，インターネット上で公開されている Web ページに関する情報を人手で収集して，内容ごとに分類して，検索サイト内に登録している。

・ロボット型

　ロボット型の検索サイトは，Web ページの情報をロボットという専用のプログラムを利用して自動的に収集して，その情報を登録していくのものである。ディレクトリ型では登録内容が限られてしまうが，ロボット型の場合は自動的に登録するため，膨大なデータを取り扱っており，細かいキーワードを使って検索することも可能である。

1 キーワード検索

　検索サイトにおいて，インターネットを1つのデータベースとして考えたときに，キーワードなどから Web ページを探すことをキーワード検索という。複数のキーワードを用いて検索する場合には，両方満たしている場合には AND 検索，どちらかを満たしている場合には OR 検索などを用いて，目的とするサイトを検索する。多くの Web ページから絞り込んでいく場合には AND 検索になる。

2 カテゴリ検索

　検索サイトなどにおいて，カテゴリごとに分類されているものを利用し，目的の Web ページを探す方法をカテゴリ検索という。

7　プラグイン

　プラグインとは，アプリケーションソフトウェアに最初から搭載されていない機能を，後から追加して使えるようにするソフトウェアのことである。コンテンツを Web ブラウザ中で表示できるように，機能を追加するプログラムを示す場合が多い。

プラグイン（Plug-in）

8　CGI

　CGIとは，ユーザのWebブラウザの要求によって，WWWサーバが別のプログラムを呼び出して，そのプログラムとやり取りを行う仕組みのことである。このとき，WWWサーバに呼び出されて動くプログラムのことをCGIプログラムと呼ぶ。その処理結果は，HTML形式でユーザのWebブラウザに返される。代表的なものに，アンケート，掲示板，アクセスカウンタなどがある。

CGI（Common Gateway Interface）

図表 3.21　CGI の仕組み

9　JavaScript

　JavaScriptは，米ネットスケープ・コミュニケーションズが開発したインターネット用のスクリプト言語である。HTMLファイルに直接プログラムを記述して，Webブラウザ上で実行する。Webブラウザの種類を読み取り，表示するWebページを変えたり，アンケートに入力された内容に誤りがないかをチェックしたりすることができる。

JavaScript

10　Cookie

　Cookie（クッキー）とは，Webページを閲覧した際に，Webブラウザが動作しているパソコンに保存されるデータのことである。Cookieには，ユーザに関する情報や最後にサイトを見た日時，パスワードなどが記憶できる。有効期限が設定されており，有効期限が切れたものは自動的に削除される。2回目以降のアクセスの際にはWWWサーバ側にCookieを送信することによりサイトへの利用認証などが省略できるなどの利点はあるが，ユーザの見えないところで動作するため，注意が必要である。Webブラウザの設定でCookieの利用制限ができる。Cookieの内容は，CGIやJavaScriptから参照することができる。

Cookie

11　java アプレット

　Webブラウザ上で動く，java言語で作成されたプログラムのことである。

12　ファイルの転送

　Webサイトを利用し，WWWサーバなどからデータをユーザのコンピュータに持ってくる操作を**ダウンロード**という。また，ユーザが作成したWebページのデータであるHTMLファイルなどをWWWサーバに登録するために，ユーザのコンピュータからWWWサーバなど

ダウンロード（Download）

に送る操作を**アップロード**という。ファイルを転送するため使用するプ　　　**アップロード**（Upload）
ロトコルは，一般的には FTP を利用する。また，ダウンロードする場
合に HTTP を利用する場合もある。

9 電子メール（E メール）の仕組みと利用

1　電子メールの仕組み

　電子メールは，送信時には SMTP，受信時には POP や IMAP とい
うプロトコルによって送受信が行われる。ユーザによって送信された
メールは，まず自分の SMTP サーバへ送られる。そこから宛先のドメ
イン名を基に相手のメールサーバに SMTP を使用して送られる。送ら
れたメールは，相手のメールサーバでアカウントを基に振り分けられ保
管される。送られてきたメールは相手が POP や IMAP を利用し，自分
のメールサーバにアクセスして受信する。POP では，サーバ上のメー
ルすべてを一度に受信してしまうが，IMAP ではメールはサーバが管理
する。

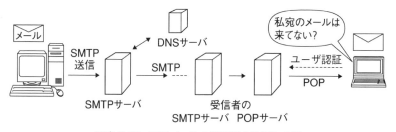

図表 3.22　電子メールの送受信の仕組みの例

　電子メールで使用されるメールアドレスは，「アカウント＠ドメイン
名」で構成されている。

jken＠aaa.ac.jp
アカウント　ドメイン名
図表 3.23　メールアドレス

2　電子メールソフト

　電子メールの送受信に使用するソフトウェアをメールソフト（メーラ）
という。文書の作成，送信先の設定，メールの送受信などを行う。

3　メールの送信

　メールは郵便の葉書と同じである，と考えたほうがよい。そのためメー
ルを通常の手段で送ると，第三者に傍受（盗み見られる）されるおそれ
があるため，機密性を必要とするメールは暗号化するなどの工夫が必要
である。

・宛先の指定

　メールを送る相手を指定する欄としては，「**宛先**」「**CC**」「**BCC**」の
3つの欄があり，通常は，メールを送る相手のメールアドレスは「宛先」
の欄に入力する。「CC」は，カーボンコピーの略で，参考までに送り
ます，という意味合いが含まれる。そのため，返信を希望する場合には，
必ず「宛先」の欄を利用してメールを送信したほうがよい。「宛先」「CC」
の欄に入力したアドレスは，他に送ったメールの相手に公開される。そ
のため，メールアドレスを非公開にしたい相手のアドレスは「CC」で
はなく，「BCC」の欄を使用する。「BCC」の欄を利用することにより，
メールを受信した相手には，BCC 欄の相手に送ったことはわからない。

　メールを送る相手を指定する欄には，複数のメールアドレスを入力す
ることができるが，ISP によっては，迷惑メール防止のために最大で一
度に送れる人数を制限している場合もある。

宛先

CC（Carbon Copy）
BCC（Blind Carbon Copy）

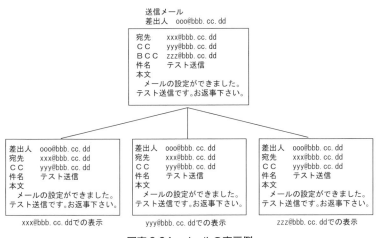

図表 3.24　メールの表示例

1 件名

　件名にはメールの内容を簡潔な 1 文で記入する。空白の場合には迷
惑メールと判断される場合もある。

2 本文

　本文はテキスト形式のメールと，**HTML メール**を作成することがで
きる。テキスト形式のメールは，文字情報のみが記述されているメール
である。HTML メールは，メールの本文が HTML で書かれているので，
文字の大きさ，色などを変えることができ，Web ページのようなメー
ルを送ることができる。ただし，HTML メールに対応していないメー
ラで受信すると正常に表示されない。また，コンピュータウイルスを仕
込んだメールを送るのにも HTML メールは悪用されていたことがあり，
一般的には利用はさけたほうがよい。

HTML メール

③ 送信

メールの送信を行う場合にも，踏み台など不正使用されないために一般的にユーザ認証が行われる。ユーザ認証の方法としては，**POP before SMTP** という方法と **SMTP 認証** がある。POP before SMTP は，送信作業を行う前に受信作業を行い，POP の認証を利用してユーザの確認を行っている。受信作業を行った後，数分以内でないと送信ができなくなる。SMTP 認証は，送信用サーバの SMTP サーバで認証を行うものである。

POP before SMTP
SMTP 認証

4 メールの受信

メールの受信を行う際には，ユーザ ID とパスワードを利用して，本人であるかどうかのユーザ認証が行われる。メーラの設定や POP や IMAP の違いなどにより受信方法は異なる。

5 メールの返信

受信したメールを利用して返事を書く場合には，返信機能を利用する。返信機能を利用することにより，宛先，件名の設定は必要なく，件名に「Re:」などが付き，件名だけ見ても相手は返信であることがわかる。本文においても，相手のメッセージには「>」などの記号が，行の先頭に付く場合が多い。相手のメッセージの不要な部分を削除して返事を書くこともできるが，相手の著作物でもあるので，注意が必要である。

6 添付ファイル

電子メールに写真やデータファイルなどを添付したものを送受信することができる。しかし，文字情報に比べて写真などのデータは，容量が非常に大きい。たとえば，漢字 1000 文字は 2 kB だが，スマートフォンの画面サイズ程度の大きさの 2000 ピクセル×1000 ピクセルの写真の場合，圧縮されていないフルカラー画像では，2000×1000×3 B＝6 MB 程度の容量となる。このように文字以外のデータは容量が大きいため，送受信に時間がかかったりサーバに負荷がかかることになる。メール用のサーバの容量は ISP によって指定されているので，相手先でメールの受信ができない場合もある。また，送信時の容量を制限している場合もある。ファイルサイズは圧縮して小さくするなど，添付ファイルを利用する場合には配慮が必要である。また，セキュリティ対策により添付できないファイルの形式もある。

差出人が不明のメールなどには，コンピュータウイルスが入っているファイルが添付されている場合もあるため，不用意に添付ファイルを開くのは危険な場合もある。

7 アドレス帳

　アドレス帳とは，メールアドレスを管理するためのものである。名前やメールアドレスを登録しておき，次にメールを送るときにアドレス帳から宛先を指定することができる。また，グループを作成しグループを宛先に指定することにより，グループ内に登録してあるメールアドレス宛に同じ内容のメールを送ることができる機能もある。

10 インターネットを利用したサービス

1 メーリングリスト

メーリングリスト（Mailing list）

　メールアドレスのリストを作成し，リストの登録者に一括してメールを送ることができるサービスのことである。送信者は，送信先にグループを指定するだけで，同じ内容のメールが，リストの登録者に送られる。

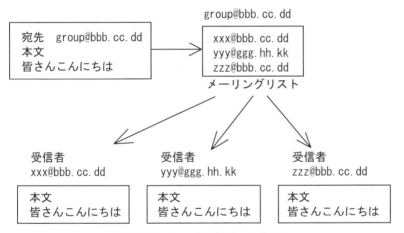

図表 3.25　メーリングリストの仕組み

2 ブログ

ブログ

　簡易な Web ページのことで，weblog の略称である。HTML 言語を意識することなく，ISP などが用意しているテンプレートを利用して，Web ブラウザで入力やデザインをしていくことにより作成できるので，HTML 言語などの専門知識がなくても簡単に作成することができる。簡単に作成できるので，日記などに利用されることが多い。

3 トラックバック

トラックバック（Track back）

　ブログの機能の 1 つで，ブログ内でリンクを張った相手に対して，リンクを張ったことなどを通知する仕組みのことである。リンクもとの記事や URL，タイトル，内容などが送信される。

4　チャット

インターネット上で，リアルタイムにメッセージのやりとりや会話をすることである。キーボードから打ち込んだ文字が相手のディスプレイに表示される。キャラクターやハンドル名などを使い，実際の名前を利用しない場合がほとんどであるため，匿名性が高くなるのでモラルを守ることが重要である。

5　Web メール

電子メール専用のソフトウェアを使用せずに，Web ブラウザからメールサーバに届いたメールを読んだり，メールを送信したりするサービスをいう。電子メールソフトを使用しないため，Web ブラウザが使える環境であれば，どこでも見ることができる。

6　ホットスポットサービス

飲食店やホテル，駅，空港などで，無線 LAN を利用してインターネットに接続するサービスである。

7　ping

インターネットなどの TCP/IP を利用したネットワークにおいて，相手に小さなパケットを送り，相手のコンピュータの接続状況や反応が戻ってきた時間より回線の状況を確認するためのコマンドである。

8　SNS

コミュニケーションを目的とし，社会的なネットワークの構築を支援するサービスである。写真などを公開できる機能などがあるが，個人情報の漏洩になる可能性があるため注意する必要がある。

9　グループウェア

グループウェアとは，会社などの内部で情報を共有したり，コミュニケーションを取ることができるソフトウェアである。メールやチャット，離れた者どうしが動画や音声で話し合いができるテレビ会議の機能，日程調整ができるスケジュール管理機能などがある。

11 HTML

インターネットの Web ページや HTML メール，イントラネットでの利用など，HTML の理解も TCP/IP ネットワークの世界では重要である。

HTML とは，Web ページを作成するためのマークアップ言語の 1 つである。タグ（<>）と内容を組み合わせることにより，ビジュアル

に表現することができる。**W3C** が仕様の協議決定を行っている。Web の急速な発展や状況の変化に追従するため，段階的に変化が加えられており，バージョンとして表されている。Web ブラウザの種類やバージョンによっては使用できないタグもあるため，配慮が必要である。

W3C (World Wide Web Consortium)

1　HTML の基本構造

基本的な構造としては，**タグ**には開始タグと終了タグがあり，そのタグで囲まれている文字などが，タグの意味に従い Web ブラウザ上で表示される。また，タグは要素名と属性から構成されている。タグや属性は，大文字小文字を区別しない。また，属性の値は引用符（" " や ' '）を付けて記述する。

タグ

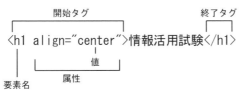

図表 3.26　タグの構造

複数のタグを組み合わせて使用するネスト（入れ子）にする場合には，必ず内側の要素から終了タグを記載する。HTML では，ソースを作成しているときの改行文字や半角スペースは無視される。

`<h1 align="center">情報活用試験</h1>`　同じ　`<h1 align="center">`
←→　`情報活用試験`
　　　`</h1>`

図表 3.27　書式

2　タグ

ここでは，代表的なタグと属性のみを示す。

`<html>…</html>`

文書がHTMLで書かれていることを示す。開始タグが文書全体の最初，終了タグが文書全体の最後に書かれていなければならない。

`<head>…</head>`

文書のタイトルや特徴，外部ファイルとの関係付けなどを記述する。このタグの間に書かれている内容は，基本的に <title> タグに書かれている内容以外は，Web ブラウザには表示されない。

`<title>…</title>`

文書のタイトルを記述する。Web ブラウザのタイトルバーやタブに表示される。視覚障害者用の Web ブラウザではこの部分が読み上げられ，視覚障害者はどのようなページかを判断するため，わかりやすいタイトルを短い文で作成する。

11. HTML　83

\<link\>

指定した文書を参照する。

- ・rel　読み込むファイルとの関係を指定する。スタイルシートの場合 "stylesheet" を指定する。
- ・href　参照する文書のファイルまたは URL を指定する。
- ・type　読み込むファイルの種類を指定する。スタイルシートの場合 "text/css" を指定する。

\<body\>…\</body\>

Web ブラウザで表示される本文を記述する。

\<br\>

改行する。本文中で改行したいところに記述する。終了タグはない。

ソース　　　　　　　　　　　　　　　　ブラウザ表示

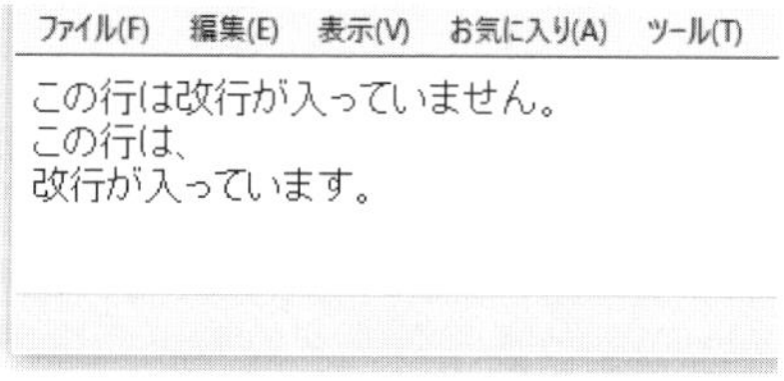

図表 3.28　\<br\> の例

\<img\>

画像の表示を指定する。終了タグはない。

- ・src　表示する画像ファイルを指定する。
- ・alt　画像ファイルの説明を記述する。ファイルの指定などに誤りがある場合には，代替として表示される。

\<a\>…\</a\>

文字や画像をこのタグで囲むことにより，リンク機能を持たせる。

- ・href　リンク先のファイルまたは URL を指定する。

ソース　　　　　　　　　　　　　　　　ブラウザ表示

図表 3.29　\<img\>\<a\> の例

<p>…</p>

段落を指定する。

<div>…</div>

単体では特に意味は持たない。スタイルシートでブロックを指定するときに利用する。

<span>…</span>

単体では特に意味は持たない。スタイルシートで範囲を指定するときに利用する。

3　スタイルシート

スタイルシートとは，Web ページのレイアウトを定義する技術である。セレクタのプロパティを値で設定することにより，セレクタに意味を持たせることができる。セレクタには，HTML で用意されているタグを利用することもできる。

スタイルシート (Style sheet)

```
セレクタ {　プロパティ：値；
　　　　　　プロパティ：値；
　　　　　　　　　　：
　　　　　　　　}
```

図表 3.30　セレクタの書式

セレクタの種類を以下に示す。

①　要素名

タグを**セレクタ**として使用する。この場合にタグは要素名と呼ばれる。

セレクタ

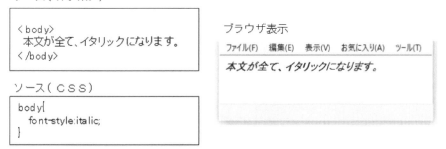

ソース（ht ml）

```
<body>
 本文が全て、イタリックになります。
</body>
```

ソース（CSS）

```
body{
  font-style:italic;
}
```

ブラウザ表示

| ファイル(F) | 編集(E) | 表示(V) | お気に入り(A) | ツール(T) |

本文が全て、イタリックになります。

図表 3.31　セレクタ　要素名の例

②　要素名 . クラス名

ピリオドの後に任意の名前を付け，セレクタとする。これをクラスセレクタと呼び，<html>～</html> の 1 つの HTML 文の中で複数回使用することができる。要素名を省略すると複数の要素名で利用できる。

ソース（ｈｔｍｌ）

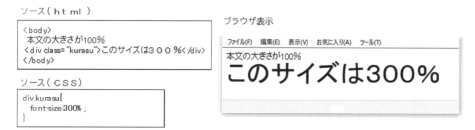

図表 3.32　セレクタ　クラス名の例（1）

ソース（ｈｔｍｌ）

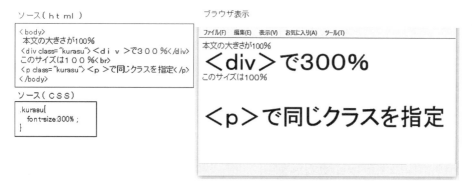

図表 3.33　セレクタ　クラス名の例（2）

③　要素名＃ ID 名

　＃の後に任意の名前をセレクタとする。これを ID セレクタと呼び，
<html>〜</html> の１つの HTML 文の中では１回しか使用するこ
とができない。

　HTML 文書は階層構造で入れ子となる場合が多い。スタイルシート
においても上の階層で設定されたスタイルが下の階層に引き継がれる。

ソース（ｈｔｍｌ）

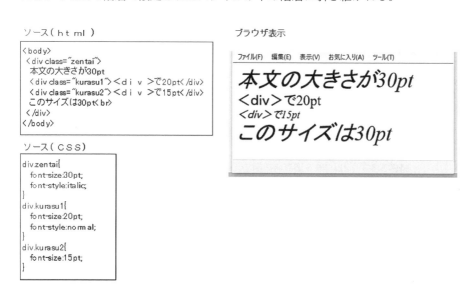

図表 3.34　スタイルの入れ子の例

ただし，上の階層で設定されたスタイルを下の階層で再設定した場合には，基本的に下の階層で再設定した値で表示される。

プロパティには次のようなものがある。

color	文字色を16進数や色名で指定
background-color	背景色を16進数や色名で指定
font-style	文字の形を標準（normal），斜体（italic）で指定
font-weight	文字の太さを標準（normal），太字（bold）または100（細）～900（太）で指定
font-size	文字の大きさを指定 ポイント数を表すpt，親要素に対する相対的な大きさ（倍率）を表すemや%，大きさを表すキーワード（small, medium, largeなど）で指定

図表 3.35　プロパティ

色を16進数で指定する場合は，＃の後にRGBの順に2桁の16進数（暗00～ff明）で各色の明るさを指定する。

4　障害者への配慮

Webページにも障害者への配慮が必要である。平成16年に「高齢者・障害者等配慮設計指針―情報通信における機器，ソフトウェアおよびサービス―」JIS X 8341がJIS規格として制定され，第3部にウェブコンテンツがある。これは，高齢者や音声読み上げWebブラウザを用いている視覚障害者や色の区別がつきにくい色覚異常などにも配慮したWebページを作成するためのものである。

- ・ページのタイトルには，ページ内容を理解しやすい名称を付ける。
- ・画像にはalt属性を付ける。音声読み上げWebブラウザでは，画像の代わりにalt属性で指定されている文書を読み上げ，視覚障害者に理解をうながす。
- ・見出し，段落，リストなどの要素を用いて，文書の構造を規定し理解しやすくする。
- ・文字サイズは固定にせず，利用者が変更できるように配慮する。
- ・表は，わかりやすい表題を付け，できる限り単純な構造にする。セルの結合を行ってしまうと，表の項目数などが読み上げ時に変わってしまうため，理解しにくくなる。
- ・色覚障害者が区別しやすい色づかいをする。

ここに挙げているのは一部であるが，このように配慮したWebページを作成することも大切である。

JIS（Japan Industrial Standards）：日本産業規格
JIS X 8341

章 末 問 題

問題1 次のインターネットに使用されているプロトコルに関する記述を読み，最も関連の深い字句を解答群から選べ。

（1） インターネットで利用されている標準プロトコル。

（2） Web ページを閲覧するときに，HTML などのコンテンツを転送するためのプロトコル。

（3） 遠隔地のコンピュータへ接続して，メンテナンス作業を行う。

（4） 電子メールを送信するときに使用するプロトコル。

（5） ファイルのアップロードやダウンロードをするときに使用するプロトコル。

解答群 ··

　　ア．TCP/IP 　　　イ．UDP 　　　ウ．HTML

　　エ．Telnet 　　　オ．HTTP 　　　カ．SMTP

　　キ．PPP 　　　　ク．FTP 　　　　ケ．DHCP

問題2 次のインターネットへの接続に関する記述中の ▢ に入れるべき，最も適切な字句を解答群から選べ。

　ブロードバンドでの接続の代表的なものに ADSL があるが，ADSL で接続する場合には，音声データとコンピュータ用のデータを分けるスプリッタを利用し，電話機と ▢(1)▢ へデータを振り分ける。ケーブルテレビの場合には，やはり同じようにスプリッタを使用し，TV 用と ▢(2)▢ へデータを振り分ける。光ファイバを利用した接続には，光の点滅をコンピュータ用のデータに変える ▢(3)▢ が必要となる。

　LAN を構築し，インターネットと接続するためにはルータなどを利用する。LAN 内部だけで利用できる IP アドレスを ▢(4)▢ といい，インターネット上で使用されている IP アドレスを ▢(5)▢ という。LAN とインターネットを接続するルータで，この相互変換を行う。1 対 1 での変換を ▢(6)▢ ，1 対多での変換を ▢(7)▢ という。

解答群 ··

　　ア．モデム 　　　　　　　　イ．TA 　　　　　　　　　ウ．NAT

　　エ．ADSL モデム 　　　　　オ．CATV モデム 　　　　 カ．メディアコンバータ

　　キ．LAN ボード 　　　　　　ク．ブロードバンドルータ 　ケ．NAPT

　　コ．プライベート IP アドレス 　サ．グローバル IP アドレス

問題3 次の電子メールの利用に関する記述中の　　　　に入れるべき，最も適切な字句を解答群から選べ。

　電子メールを送るときには，相手のコンピュータの環境にも配慮する必要がある。本文を作成するときに，Webページのように文字の大きさを変えたり，色を変えて送ることができる　(1)　を作成することもできるが，相手のメーラによっては表示できない場合もあるため，文字情報だけの　(2)　形式のメールで送るほうがよい。画像などを添付することもできるが，画像データは文字データに比べ容量が大きいため，　(3)　などをして容量を小さくして送る配慮も必要である。

　現在，インターネットの多くの利用者はブロードバンドを使用しており，ISPが踏み台にされないようにメールの送信時にもユーザ認証を行うようになっている。メールを送信する前に受信作業を行いユーザ認証する方法を　(4)　という。これにより，受信作業を行った後数分間は送信できるようになる。電子メール専用のメーラを使用しなくても，Webブラウザを利用できる環境であれば，メールの送受信ができるサービスがあり，これを　(5)　という。

（解答群）・・

　　ア．BCC　　　　　　　　イ．CC　　　　　　　　ウ．POP before SMTP
　　エ．Webメール　　　　　オ．HTMLメール　　　　カ．SMTP認証
　　キ．解凍　　　　　　　　ク．圧縮　　　　　　　　ケ．テキスト

問題4 次の無線LANの説明文を読み，最も関連の深い字句を解答群から選べ。
（1）　無線LANは米国電気電子技術者協会で標準化され，IEEEの何番と表示されているか。
（2）　無線LANで通信相手を識別するためのもので，グループ名のようなもの。
（3）　暗号化の方式の1つで，暗号化の鍵の長さに64ビットや128ビットなどがある。
（4）　暗号化の方式の1つで，ユーザ認証機能や暗号化の鍵を更新する機能などがある。
（5）　メーカ間の相互接続を保証している。

（解答群）・・

　　ア．802.2　　　イ．802.7　　　ウ．802.11　　　エ．Wi-Fi
　　オ．WEP　　　　カ．WPA　　　　キ．SSID　　　　ク．NAT
　　ケ．NAPT

第4章

アプリケーションソフトの利用と活用

1 表計算ソフトの使い方

　表計算ソフトは，数値データの集計・分析に用いられる作表アプリケーションソフトで，縦横に並んだマス目（**セル**）に数値や計算式を入力すると，自動的に式を分析し，所定の位置に計算結果を表示する。

セル

　セルが並んだ表を「**ワークシート**」と呼び，セルが規則正しく並んでいるためにレイアウトの作成も容易である。他に，グラフ作成や，複雑な統計分析機能などの高度な機能が用意されている場合もある。

ワークシート

　ワークシートには，次のようなものが入力できる。

・文字列（数値計算が行えないデータ）

・数値（数値計算が行えるデータ）

・式（数式，関数，条件式など）

1 表計算ソフトの機能

1 表作成機能

文字や数値，計算式などを入力し，表を作成する機能で，表計算ソフトの基本的な機能でもある。

表作成機能

2 グラフ機能

作成した表のデータをもとにグラフを作成する機能。

グラフ機能

3 データベース機能

表のデータ1行を1つのレコードとして扱い，その値を検索・抽出・並べ替え（ソート）することにより，データベースのように扱う機能。

データベース機能

4 マクロ機能

繰り返し行う作業を自動化して，作業の効率化をはかる機能。

マクロ機能

5 VBA

一種のプログラミング言語であり，この言語を使ってより高度なマクロを記述する。

VBA

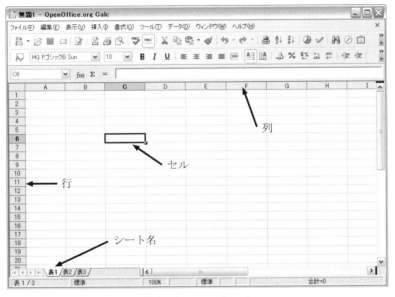

図表 4.1　ワークシート

　ワークシートは，横ひとならびを「**行**」，縦ひとならびを「**列**」といい，この行と列から構成されている。行と列の 1 区画を**セル**と呼ぶ。

行
列

⬚1 セルに関する名称

　①**セルポインタ** ‥‥‥‥‥‥‥‥‥‥‥‥‥‥‥‥‥‥‥‥‥‥‥‥‥‥‥‥‥‥‥‥

セルポインタ

　　特定のセルを示す四角い枠。

　②**カレントセル** ‥‥‥‥‥‥‥‥‥‥‥‥‥‥‥‥‥‥‥‥‥‥‥‥‥‥‥‥‥‥‥

カレントセル

　　セルポインタで示されているセル。

　③**アクティブセル** ‥‥‥‥‥‥‥‥‥‥‥‥‥‥‥‥‥‥‥‥‥‥‥‥‥‥‥‥‥

アクティブセル

　　現在選択されているセル（複数のセルを選択している場合もある）。

　セルは，列が A〜（A 列〜Z 列，Z 列の次は AA 列〜AZ 列，AZ 列の次は，BA 列と続く）であり，行は，1〜である。

⬚2 ワークシートの作成

　1 つのファイルに，複数のワークシートを設定することができる。シートごとに表を作成することもでき，他のシートから別のシートのセルを指定することもできる。

　①**入力データ・計算式** ‥‥‥‥‥‥‥‥‥‥‥‥‥‥‥‥‥‥‥‥‥‥‥

　　数式や関数を入力するときは，「＝」で始める。
　　表計算での計算は図表 4.2 のように記述する。

数学的表現	表計算での表現
123＋456	＝123＋456
12×34	＝12＊34
987÷654	＝987/654
12×3−5	＝12＊3−5
12.3×4.5	＝12.3＊4.5
3^7	＝3˜7
(12＋34)×56	＝(12＋34)＊56

図表 4.2　表計算での表現

【計算の順序】

数学の四則演算の基本と同じで，

1）　左側から計算を始める。

2）　（　）があれば，その中から計算を始める。

3）　累乗計算は，掛算や割算より優先する。

4）　掛算と割算は，足算や引算より優先する。

②相対セル番地と絶対セル番地 ……………………………………………

相対セル番地
絶対セル番地

表計算で，セルの位置を表すには，列と行を用いる。たとえば，図表4.3における網掛けの部分は，C3となる。

	A	B	C	D	E
1	50	45	39		
2	70	61	92		
3	35	55	78		
4					

図表4.3　セル番地

1）　相対セル番地

相対セル番地は，複写したときに，相対的にセル番地が変わる。図表4.3でD列にA列～C列の合計を求める場合，セルD1に

　　　＝A1＋B1＋C1

という計算式を入れる。

その後，セルD2にセルD1を複写することにより，セルD2の式は，

　　　＝A2＋B2＋C2

となる。これは，セルD1からセルD2に行方向（下）に複写したため，その移動した行（1行）だけ計算式内の参照しているセル番地が変わる。

同じように，セルD3にセルD1を複写すると

　　　＝A3＋B3＋C3

となり，セルD1からセルD3に行方向（下）に2行移動したため，計算式内のセル番地が2行分変わる。

また，4行目に1行～3行の合計を求める場合，セルA4に

　　　＝A1＋A2＋A3

という計算式を入れる。

その後，セルB4にセルA4を複写することにより，セルB4の式は，

　　　＝B1＋B2＋B3

となる。これは，セルA4からセルB4に列方向（右）に複写したため，その移動した列（1列）だけ計算式内のセル番地が変わる。

　同じように，セルC4にセルA4を複写すると

　　＝C1＋C2＋C3

となり，セルA4からセルC4に列方向（右）に2列移動したため，計算式内のセル番地が2列分変わる。

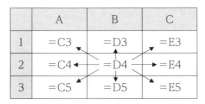

	A	B	C
1	＝C3	＝D3	＝E3
2	＝C4	＝D4	＝E4
3	＝C5	＝D5	＝E5

矢印は複写先を示す

図表4.4　相対セル番地の複写

　図表4.4は，セルB2に入っている式（＝D4）を矢印の方向の上下左右にそれぞれ複写した場合に，行・列の移動に応じてセル内の式が変わるようすを表している。

2)　絶対セル番地

	A	B	C	D	E
1	50	45	39	134	
2	70	61	92	223	
3	35	55	78	168	
4	155	161	209	525	

図表4.5　絶対セル番地の例題

　図表4.5でE列にD列の値が全体に占める割合を求めるとき，セルE1には，

　　＝D1/D4＊100

という計算式を入れる。

　セルE2の式を，＝D2/D4＊100としたいが，セルE1を複写するとセルE2は，

　　＝D2/D5＊100

となってしまい，セルD5に値がないため，エラーとなってしまう。

　そこで，セルD4のセル番地を複写しても変わらないように，セルE1の式に＄をつける。

　　＝D1/D$4＊100

これにより，セルE2に複写しても，

　　＝D2/D$4＊100

となり，正常な値を求めることができる。

　同様に，セル E3 についても，

　　=D3/D\$4＊100

となる。

　このように，\$ をセル番地につけることにより，複写してもセル番地が変わらなくなる。列番号の前に \$ をつけると列が固定し，行番号の前に \$ をつけると行が固定される。

	A	B	C
1	=C\$4	=D\$4	=E\$4
2	=C\$4	=D\$4	=E\$4
3	=C\$4	=D\$4	=E\$4

図表 4.6　絶対セル番地（行）の複写

　図表 4.6 は，セル B2 に入っている式（=D\$4）を上下左右にそれぞれ複写した場合に，行・列の移動に応じてセル内の式が変わるようすを表している。

	A	B	C
1	=\$D3	=\$D3	=\$D3
2	=\$D4	=\$D4	=\$D4
3	=\$D5	=\$D5	=\$D5

図表 4.7　絶対セル番地（列）の複写

　図表 4.7 は，セル B2 に入っている式（=\$D4）を上下左右にそれぞれ複写した場合に，行・列の移動に応じてセル内の式が変わるようすを表している。

	A	B	C
1	=\$D\$4	=\$D\$4	=\$D\$4
2	=\$D\$4	=\$D\$4	=\$D\$4
3	=\$D\$4	=\$D\$4	=\$D\$4

図表 4.8　絶対セル番地（行・列）の複写

　図表 4.8 は，セル B2 に入っている式（=\$D\$4）を上下左右にそれぞれ複写した場合に，行・列の移動に応じてセル内の式がまったく変わらないようすを表している。

③ セルの書式設定（フォーマット）

セルに設定されている値を指定した書式にすることができる。

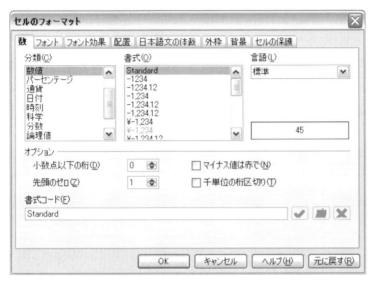

図表 4.9　セルのフォーマット

・数値：セルの値を数字として表示する。

・パーセンテージ：セルの値を％で表示する。

・通貨：セルの値に通貨記号をつけて表示する。

・日付：セルの値を日付として表示する。

④ アンパサンド（&）演算子

文字列を連結して 1 つの文字列にする。

⑤ 別シートの参照

ワークシート名に「！」を付けてセル番地を指定することにより別シートを参照できる。例：シート名「集計」のセル A1 を参照する場合は，集計 !A1 と記述する。

3　関数の使い方

表計算ソフトを便利に使いこなすには，関数を活用することが重要になる。そのため，さまざまな関数について理解しておく必要がある。

関数内の区切り記号（，）は，表計算ソフトによって異なるので，注意が必要である。

① 範囲

範囲は，A1～A5 の場合には A1：A5，A1～E1 の場合には A1：E1，A1～E5 の場合には A1：E5 と連続している場合にはコロン「：」で指定することができる。また，A1，A3，A6 のように連続していない場合には，カンマ「，」で複数指定することができる。A1：A5，A7，A8 のように組み合わせることもできる。

SUM 関数

書式：SUM（範囲）

指定した範囲の合計値を求める。

	A	B	C	D	E	F
1	商品売上一覧表					
2						
3		1 月	2 月	3 月		
4	商品 A	2,314	2,109	1,956		
5	商品 B	1,960	1,990	1,961		
6	商品 C	1,993	2,019	2,137		
7	合　計	6,267	6,118	6,054		
8						
9						

図表 4.10　SUM 関数

　図表 4.10 の場合，セル B7 には，＝SUM（B4：B6）という式が入っている。これにより，セル B4 からセル B6 までの合計値を求めることができる。

③ AVERAGE 関数

AVERAGE 関数

書式：AVERAGE（範囲）

指定した範囲の平均値を求める。

	A	B	C	D	E	F
1	商品売上一覧表					
2						
3		1 月	2 月	3 月		
4	商品 A	2,314	2,109	1,956		
5	商品 B	1,960	1,990	1,961		
6	商品 C	1,993	2,019	2,137		
7	合　計	6,267	6,118	6,054		
8	平　均	2,089	2,039	2,018		
9						

図表 4.11　AVERAGE 関数

　図表 4.11 の場合，セル B8 には，＝AVERAGE（B4：B6）という式が入っている。これにより，セル B4 からセル B6 までの平均値を求めることができる。

④ MAX 関数

書式：MAX（範囲）

指定した範囲の最大値を求める。

	A	B	C	D	E	F
1	商品売上一覧表					
2						
3		1 月	2 月	3 月		
4	商品 A	2,314	2,109	1,956		
5	商品 B	1,960	1,990	1,961		
6	商品 C	1,993	2,019	2,137		
7	合　計	6,267	6,118	6,054		
8	平　均	2,089	2,039	2,018		
9	最大値	2,314	2,109	2,137		

図表 4.12　MAX 関数

　図表 4.12 の場合，セル B9 には，＝MAX（B4：B6）という式が入っている。これにより，セル B4 からセル B6 までの最大値を求めることができる。

⑤ MIN 関数

書式：MIN（範囲）

指定した範囲の最小値を求める。

	A	B	C	D	E	F
1	商品売上一覧表					
2						
3		1 月	2 月	3 月		
4	商品 A	2,314	2,109	1,956		
5	商品 B	1,960	1,990	1,961		
6	商品 C	1,993	2,019	2,137		
7	合　計	6,267	6,118	6,054		
8	平　均	2,089	2,039	2,018		
9	最大値	2,314	2,109	2,137		
10	最小値	1,960	1,990	1,956		

図表 4.13　MIN 関数

　図表 4.13 の場合，セル B10 には，＝MIN（B4：B6）という式が入っている。これにより，セル B4 からセル B6 までの最小値を求めることができる。

書式：INT（数値）

指定した数値以下の整数値にする。たとえば，1.678 に INT 関数を使用した場合は 1 になり，−1.429 に INT 関数を使用した場合は，−2 になる。

書式：COUNT（範囲）

指定した範囲にある数値データの件数を数える。

	A	B	C	D	E	F
1	商品売上一覧表					
2						
3		1 月	2 月	3 月	件　数	
4	商品 A	2,314	2,109	1,956	3	
5	商品 B	1,960	1,990	1,961		
6	商品 C	1,993	2,019	2,137		
7	合　計	6,267	6,118	6,054		
8	平　均	2,089	2,039	2,018		
9						

図表 4.14　COUNT 関数

図表 4.14 の場合，セル E4 には，＝COUNT（B4：D4）という式が入っている。これにより，セル B4 からセル D4 までの数値データの件数を求めることができる。

書式：ROUND（数値 , 桁数）

指定した数値を指定した桁数で四捨五入する。

桁数は，下のように指定する。指定したところまでの桁が表示され，それ以下の桁で四捨五入，切り上げ，切り捨ての処理が行われる。たとえば，2.456 を小数点以下 3 桁で四捨五入する場合は，小数点以下 2 桁で表示するため，ROUND（2.456 , 2）で 2.46 となる。数値には，数式やセル番地を指定してもよい。

$$1\ 2\ 3\ 4\ 5\ .\ 6\ 7\ 8\ 9$$

桁数　　−4　−3　−2　−1　0　　1　2　3　4

9 ROUNDUP 関数

ROUNDUP 関数

書式：ROUNDUP（数値 , 桁数）

指定した数値を指定した桁数で切り上げる。たとえば，2.451 を小数点以下 3 桁で切り上げる場合は，小数点以下 2 桁で表示するため，ROUNDUP（2.451 , 2）で 2.46 となる。

10 ROUNDDOWN 関数

ROUNDDOWN 関数

書式：ROUNDDOWN（数値 , 桁数）

指定した数値を指定した桁数で切り捨てる。たとえば，2.459 を小数点以下 3 桁で切り捨てる場合は，小数点以下 2 桁で表示するため，ROUNDDOWN（2.459 , 2）で 2.45 となる。

11 RANK 関数

RANK 関数

書式：RANK（数値 , 範囲 , 順序）

指定した範囲内における指定された数値の順位を求める。順序は，0 を指定した場合は降順で，1 を指定した場合は昇順で順位をつける。

	A	B	C	D	E	F
1	商品売上一覧表					
2						
3		1 月	2 月	3 月	合　計	順　位
4	商品 A	2,314	2,109	1,956	6,379	1
5	商品 B	1,960	1,990	1,961	5,911	3
6	商品 C	1,993	2,019	2,137	6,149	2
7	合　計	6,267	6,118	6,054	18,439	
8	平　均	2,089	2,039	2,018		
9						

図表 4.15　RANK 関数

図表 4.15 の場合，セル F4 には，＝RANK（E4 , E$4：E$6 , 0）という式が入っている。これにより，セル E4 の値がセル E4 から E6 までの数値データにおける値の大きい順の順位を求めることができる。

12 IF 関数

IF 関数

書式：IF（論理式 , 真の場合 , 偽の場合）

論理式に指定された条件に従って，条件を満たせば真の場合の処理を，条件を満たさなければ偽の場合の処理を行う。

	A	B	C	D	E	F
1	商品売上一覧表					
2						
3		1月	2月	3月	合　計	成　績
4	商品A	2,314	2,109	1,956	6,379	○
5	商品B	1,960	1,990	1,961	5,911	×
6	商品C	1,993	2,019	2,137	6,149	○
7	合　計	6,267	6,118	6,054	18,439	
8	平　均	2,089	2,039	2,018		
9						

図表 4.16　IF 関数

　図表 4.16 の場合，セル F4 には，＝IF（E4 ＞＝6000 ,"○","×"）
という式が入っている。これは，セル E4 の値が 6,000 以上であれば「○」
を表示し，そうでなければ「×」を表示する。

13 SUMIF 関数

　書式：SUMIF（範囲 , 検索条件 , 合計範囲）

　指定された範囲内で，検索条件にあったデータの合計範囲で指定され
た数値データの合計を求める。

	A	B	C	D	E	F
1	商品売上一覧表					
2						
3		1月	2月	3月	合　計	成　績
4	商品A	2,314	2,109	1,956	6,379	○
5	商品B	1,960	1,990	1,961	5,911	×
6	商品C	1,993	2,019	2,137	6,149	○
7	合　計	6,267	6,118	6,054	18,439	12,528
8	平　均	2,089	2,039	2,018		
9						

図表 4.17　SUMIF 関数

　図表 4.17 の場合，セル F7 には，＝SUMIF（F4：F6 ,"○", E4：
E6）という式が入っている。これにより，セル E4 から E6 で，F4 か
ら F6 の値が「○」であるデータの合計を求めることができる。

⑭ COUNTIF 関数

書式：COUNTIF（範囲 , 検索条件）

指定された範囲内で，検索条件にあったデータの件数を求める。

	A	B	C	D	E	F
1	商品売上一覧表					
2						
3		1 月	2 月	3 月	合　計	成　績
4	商品 A	2,314	2,109	1,956	6,379	○
5	商品 B	1,960	1,990	1,961	5,911	×
6	商品 C	1,993	2,019	2,137	6,149	○
7	合　計	6,267	6,118	6,054	18,439	2
8	平　均	2,089	2,039	2,018		
9						

図表 4.18　COUNTIF 関数

図表 4.18 の場合，セル F7 には，=COUNTIF（F4：F6 , ”○”）という式が入っている。これにより，セル F4 から F6 の値が「○」であるデータの件数を求めることができる。

⑮ VLOOKUP 関数

書式：VLOOKUP（検査値 , 検査範囲 , 列番号 , 検査の型）

指定された検査範囲内でのいちばん左の列で，指定された検査値がある列番号で指定された列の値を表示する。検査の型は，検査値と完全に一致した結果のみを表示させる場合には，0 を指定する。見つからない場合には，エラーが表示される。検査値が見つからない場合で，検査値未満で最も大きい値を表示させたい場合には，1（省略可）を指定する。ただし，この場合には，検査範囲の表は，検査値と比較する値で昇順に並べ替えられている必要がある。

図表 4.19 の場合，セル B3 には，=VLOOKUP（A3 , A12：D14 , 3）という式が入っている。これにより，セル A3 と同じ値を持つものをセル A12 から D14 の範囲のいちばん左の列で探し，見つかれば指定された範囲であるセル A12 から D14 における 3 列目の値が表示される。

図表 4.20 で，セル B3 に =VLOOKUP（A3 , A12：D14 , 3）という計算式が入っていた場合，セル A3 に入っている値と同じ値がセル A12〜A14 にないことから，商品 B の値が表示される。

検索の型の説明は Excel での利用方法に近い表現をしている。OpenOffice では，データの順序という表現を使用しており，データから見た表現となっていて，昇順に並んでいる場合には TRUE で近い最小の値，並んでいない場合には FALSE で完全一致と表現されている

1. 表計算ソフトの使い方　101

	A	B	C	D	E	F
1	商品売上検索					
2						
3	商品 A	2,109				

〜〜〜〜〜

	A	B	C	D	E	F
11		1 月	2 月	3 月		
12	商品 A	2,314	2,109	1,956		
13	商品 B	1,960	1,990	1,961		
14	商品 C	1,993	2,019	2,137		
15						

図表 4.19　VLOOKUP 関数

	A	B	C	D	E	F
1	商品売上検索					
2						
3	商品 C	1,990				

〜〜〜〜〜

	A	B	C	D	E	F
11		1 月	2 月	3 月		
12	商品 A	2,314	2,109	1,956		
13	商品 B	1,960	1,990	1,961		
14	商品 D	1,993	2,019	2,137		
15						

図表 4.20　VLOOKUP 関数

16 INDEX 関数

　書式：INDEX（検査範囲 , 行位置 , 列位置）

　検査範囲の中から行位置と列位置で指定したセルの値を返す。なお，行位置と列位置は 1 から始まる。

　図表 4.21 の場合，セル B5 には，＝INDEX（B12：D14 , B3 , B4）という式が入っている。これにより，セル B12 から D14 の範囲のいちばん左を 1 列目，いちばん上を 1 行目としたときの 2 行目，3 列目の商品 B の 3 月の値が求められる。指定した範囲の行数や列数を超えた値を指定した場合は，エラーになる。

	A	B	C	D	E	F
1	商品売上検索					
2						
3	行位置	2				
4	列位置	3				
5	結果	1,961				
11		1月	2月	3月		
12	商品A	2,314	2,109	1,956		
13	商品B	1,960	1,990	1,961		
14	商品C	1,993	2,019	2,137		
15						

図表 4.21　INDEX 関数

17 MATCH 関数

書式：MATCH（検査値 , 検査範囲 , 検査の型）

並べ替えが行われている検査範囲から検査値が存在するセルの相対的な位置を表す数値を返す。検査範囲は 1 行または 1 列である。検査の型は，検査値と完全に一致する値を検索する場合は 0，検査値以下の最大の値を検索する場合は 1，検査値以上の最小の値を検索する場合は −1 を指定する。なお，検査値が検索範囲に存在しない場合は，エラーを返す。また，検査の型が 1 のときは昇順，−1 のときは降順に検査範囲を並べる。

	A	B	C	D	E	F
1	商品売上検索					
2						
3	商品名	商品B				
4	行番号	2				
11		1月	2月	3月		
12	商品A	2,314	2,109	1,956		
13	商品B	1,960	1,990	1,961		
14	商品C	1,993	2,019	2,137		
15						

図表 4.22　MATCH 関数

図表 4.22 の場合，セル B4 には，=MATCH（B4 , A12 : A14 , 0）

という式が入っている。これにより，セル B3 と同じ値を持つものをセル A12 から A14 の範囲で探し，見つかれば範囲のいちばん上を 1 行目とした行番号を返す。

18 YEAR 関数

書式：YEAR（シリアル値）

日付を表すシリアル値から年の値を求める。

19 MONTH 関数

書式：MONTH（シリアル値）

日付を表すシリアル値から月の値を求める。

20 DAY 関数

書式：DAY（シリアル値）

日付を表すシリアル値から日の値を求める。

21 HOUR 関数

書式：HOUR（シリアル値）

時刻を表すシリアル値から時間を求める。

22 MINUTE 関数

書式：MINUTE（シリアル値）

時刻を表すシリアル値から分を求める。

23 SECOND 関数

書式：SECOND（シリアル値）

時刻を表すシリアル値から秒を求める。

24 MID 関数

書式：MID（文字列 , 開始位置 , 文字数）

文字列中の，指定した開始位置から始まる指定した文字数の文字列を求める。文字列の先頭文字の位置が 1 である。

4 グラフの種類

表計算ソフトの機能にグラフ作成がある。表のデータをもとに，いろいろな種類のグラフを作成することができる。

しかし，グラフの種類によっては，必要な情報が伝わりにくいことがあるので，適切なグラフを選択する必要がある。

1 棒グラフ

棒グラフ

各項目の棒の長短，高低によって数量の差や比，大小の順序を比較するのに用いる。

2 積上げ棒グラフ

積上げ棒グラフ

棒グラフの一種で，各項目の総量を比較し，同時に項目ごとの比率を見る場合に用いる。全体の中で項目ごとの大きさを比較する。

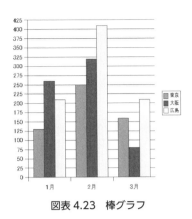

図表 4.23　棒グラフ

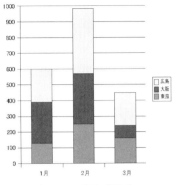

図表 4.24　積上げ棒グラフ

帯グラフ

③ 帯グラフ

グラフを 100%として分割された内訳の面積の広さを比較することによって，その構成比を比較する。

折れ線グラフ

④ 折れ線グラフ

時系列の変化を見る場合に用いる。

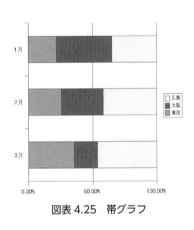

図表 4.25　帯グラフ

図表 4.26　折れ線グラフ

円グラフ

⑤ 円グラフ

全体を 100%として，その内訳の面積の広さを比較することによってその構成比を比較する。

散布図

⑥ 散布図

2つの値の相対的な関係を比較する。

この相対的な関係を一次方程式にしたものが回帰直線である。

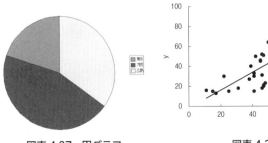

図表 4.27　円グラフ

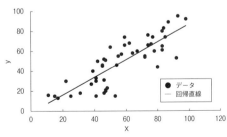

図表 4.28　散布図

7 レーダーチャート

全体の中で項目ごとのバランスを比較する。

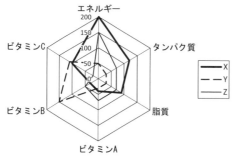

図表 4.29　レーダーチャート

5　表の並べ替え，フィルタ

表計算ソフトには，登録されているデータを並べ替えたり，ある条件に合うものだけを表示させる機能もある。

1 並べ替え（ソート）

1）　並べ替えとは，データをある規則に従って順番を替える機能である。

2）　並べ替えをする範囲を指定してから，並べ替えをするキーを指定する。

3）　キーは複数指定することができ，上から順に並べ替えのキーが優先される。最優先キーにおいて，同じものがあった場合に2番目に優先されるキーで並べ替える。

4）　並べ替えには，その並べ替えの順序として，昇順と降順がある。

・昇順：数値の小さい順。英文字ではアルファベット順になる。

・降順：数値の大きい順。英文字ではアルファベットの逆順になる。

図表 4.30　並べ替えの設定

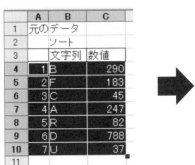

図表 4.31　並べ替えする前のデータ　　　図表 4.32　並べ替え後のデータ

② オートフィルタ

オートフィルタ

ワークシートのデータがばらばらに並んでいても，必要なデータだけ
を表示することができる。

オートフィルタを設定したい範囲を指定し，メニューから「オートフィ
ルタ」を選択する。

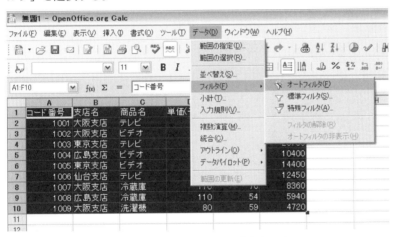

図表 4.33　オートフィルタ（元データ）

商品名がテレビであるデータを抽出する場合は，「商品名」の右にあ
る「↓」をクリックし，テレビを選択する。

	A	B	C	D	E	F
1	コード番号	支店名	商品名	単価(千円)	数量	金額
2	1001	大阪支店	- すべて -	150	105	15750
3	1002	大阪支店	- 標準 -	80	150	12000
4	1003	東京支店	- トップ10 - テレビ	150	134	20100
5	1004	広島支店	ビデオ	80	130	10400
6	1005	東京支店	冷蔵庫 洗濯機	80	180	14400
7	1006	仙台支店		150	83	12450
8	1007	大阪支店		110	76	8360
9	1008	広島支店		110	54	5940
10	1009	大阪支店	洗濯機	80	59	4720
11						
12						

図表 4.34　オートフィルタの指定

商品名がテレビのデータのみ表示された。

	A	B	C	D	E	F
1	コード番号	支店名	商品名	単価(千円)	数量	金額
2	1001	大阪支店	テレビ	150	105	15750
4	1003	東京支店	テレビ	150	134	20100
7	1006	仙台支店	テレビ	150	83	12450
11						

図表 4.35　抽出されたデータ

6　表の印刷

プリンタに印刷する設定をしたり，プリンタの選択もできる。

1　印刷範囲

プリンタに印刷する範囲を指定したり，変更したりする。

図表 4.36　印刷範囲指定

2　ページ設定

印刷する用紙の設定，**ヘッダ**，**フッタ**の設定などを行う。

図表 4.37　ページ設定

表の印刷

印刷範囲

ページ設定
ヘッダ
フッタ

①ページスタイルの設定 ……………………………………………………………… ページスタイル

　印刷する用紙の大きさや，用紙の配置（縦・横），余白などを設定する。
ここで，ページ番号の設定も行う。

図表 4.38　ページスタイル

②外枠の設定 ………………………………………………………………………

　用紙の外枠を印刷する場合に，その外枠を引く線種や色を設定する。
また，外枠の間隔も設定できる。

図表 4.39　外枠の設定

③背景の設定 ···

　用紙の背景色を設定する。

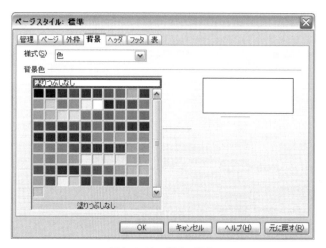

図表 4.40　背景の設定

④ヘッダの設定 ···

　用紙のヘッダを設定する。ヘッダの印刷位置や間隔もここで設定する。

図表 4.41　ヘッダの設定

図表 4.42　ヘッダ印刷

⑤フッタの設定　⋯⋯⋯⋯⋯⋯⋯⋯⋯⋯⋯⋯⋯⋯⋯⋯⋯⋯⋯⋯⋯⋯⋯⋯

　用紙のフッタを設定する。フッタの印刷位置や間隔もここで設定する。

図表 4.43　フッタの設定

図表 4.44　フッタ印刷

③ 印刷

　すべての設定ができたら，印刷を行う。複数のプリンタがある場合は，印刷したいプリンタを選ぶ。

　なお，すべてのページを印刷しない場合は，印刷範囲で印刷するページ数が指定できる。また，印刷部数も指定できる。

図表 4.45　印刷

2 データベース

　データベースとは，大量のデータを効率よく処理するために，ファイルを一定の基準にしたがって整理・構造化したものをいう。データベースを管理する方法としては，関係データモデル，階層データモデル，ネットワークデータモデルなど複数の種類がある。現在よく利用されているのは，関係データモデルで構成された**リレーショナル型データベース（RDB）**である。リレーショナル型データベースは，行と列の2次元からなる表（テーブル）形式のデータベースで，複数の表を関係づけて，1つの表にしたり，演算を行うなどの処理をすることができる。表を関係づけることを**リレーションシップ**という。

リレーショナル型データベース

リレーションシップ

1 リレーショナル型データベースの構成と基本操作

　リレーショナル型データベースでは，データを2次元のテーブルで表現する。テーブルの1行が1件のデータを表し，これを**レコード**という。また，レコード中の各項目を**フィールド**という。フィールド名のことを項目名，列名という場合もある。フィールドの中には各レコードを一意に識別するための**キー**がある。

レコード

フィールド

　リレーショナルデータベースの操作は，指定した列だけを取り出して新しい表を作る**射影**，条件にあった行だけを取り出す**選択**，2つ以上の表から共通項を利用して新しい表を作成する**結合**の3種類が基本となっている。これらを組み合わせることでさまざまな処理を行うことができる。

射影
選択
結合

表名→ 学籍表
フィールド（項目）

フィールド名（項目名）

クラス	番号	氏名	学科	ワープロ	表計算	データベース
A	001	赤井　優子	情報	35	61	81
A	002	石田　弘	マルチメディア	75	58	67
B	003	上野　洋子	マルチメディア	86	93	64
B	004	江川　明彦	Web	54	68	35
B	005	実教　一郎	情報	45	54	54
C	006	熱井　花子	Web	64	71	33

レコード→

↓射影

氏名	学科	データベース
赤井　優子	情報	81
石田　弘	マルチメディア	67
上野　洋子	マルチメディア	64
江川　明彦	Web	35
実教　一郎	情報	54
熱井　花子	Web	33

選択

クラス	番号	氏名	学科	ワープロ	表計算	データベース
A	001	赤井　優子	情報	35	61	81
B	004	江川　明彦	Web	54	68	35
B	005	実教　一郎	情報	45	54	54

図表 4.46　リレーショナル型データベース（射影・選択）

成績表

クラス	番号	氏名	学科コード	ワープロ
A	001	赤井　優子	1	35
A	002	石田　弘	2	75
B	003	上野　洋子	2	86
B	004	江川　明彦	3	54
B	005	実教　一郎	1	45
C	006	熱井　花子	3	64

学科コード表

学科コード	学科
1	情報
2	マルチメディア
3	Web

クラス	番号	氏名	学科	ワープロ
A	001	赤井　優子	情報	35
A	002	石田　弘	マルチメディア	75
B	003	上野　洋子	マルチメディア	86
B	004	江川　明彦	Web	54
B	005	実教　一郎	情報	45
C	006	熱井　花子	Web	64

図表 4.47　リレーショナル型データベース（結合）

2　リレーショナル型データベースの操作例

1 射影

　元の表から特定の列を抽出して，新たな表を作成する操作が射影である。図表 4.46 では，学籍表より氏名，学科，データベースのフィールドを抽出している。

2 選択

　元の表から一定の条件によって，特定のレコードを抽出する操作が選択である。図表 4.46 では，学籍表よりワープロの点数が 60 以下の学生を抽出している。

3 結合

　複数の表から共通の項目を用いて，条件に合う新しい表を作成する操作が結合である。図表 4.47 では，成績表と学科コード表から学科の名称が含まれた新しい表を作成している。

3　トランザクション処理と排他制御

　データベースを利用した業務では，さまざまなタイミングで，データの追加,更新,削除が行われている。これら一連の処理を**トランザクション**という。同時に複数のトランザクションが発生したときに，データ間に矛盾が起こらないように管理する機能がデータベースシステムには用意されている。たとえば A 氏と B 氏が同じデータにアクセスするような場合，A 氏が更新作業をしている間は，B 氏は作業ができないように操作がロックされる。このような機能を**排他制御**という。同じデータに対して同時に更新作業をしようとしても，データの整合性が保たれる仕組みになっている。

排他制御

3 その他のアプリケーションソフト

1 ワープロソフト

日本語ワープロソフト（以下，ワープロソフト）は，日本語の文書を作成することを目的としたソフトウェアである。ワープロソフトには，入力機能，編集機能，印刷機能，文書保存機能などがある。

ワープロソフト

2 プレゼンテーションソフト

OHP やスライドの代わりに，パソコンを用いて資料やデータを，プロジェクタを使用してスクリーンに表示したり，配布用の資料を作成したりするソフトウェアである。

3 画像編集ソフト

画像編集ソフトには，写真を加工するものや，CG を作成するもの，イラストを作成するものなど，用途により数多くのソフトウェアがある。画像編集ソフトは大きく 2 つに分類され，ペイント系ソフトウェアとドロー系ソフトウェアがある。ペイント系ソフトは，ビットマップ画像であるピクセルの集まりのデータを取り扱う。写真の加工のフォトレタッチソフトウェアがこれにあたる。ドロー系ソフトは，点と線からなるベクターデータを取り扱う。CAD ソフトがこれにあたる。

4 Web ブラウザ

インターネットを通じて，Web ページを閲覧するためのソフトウェアである。たびたび訪れる Web ページなどは，ブックマークとして記録しておくことにより，メニューから簡単に Web ページを見ることができる。

Web ブラウザ

5 メールソフト

電子メールの送受信を行うソフトウェアである。付属のアドレス帳に，メールアドレスを登録しておくことにより，メールの送信時に，そのアドレス帳からメールアドレスを取り込むことができる。

メールソフト（メーラ）

6 CAD ソフト

Computer Aided Design の略で，「コンピュータ支援設計」のことである。建築物や工業製品の設計に用いるソフトウェアである。

CAD ソフト

7 オーサリングソフト

一般には，複数のマルチメディア要素を編集・統合して 1 つのタイトルとしてまとめることをオーサリングと呼ぶ。文字や画像，音声，動画といったデータを編集して，コンテンツを作るソフトウェアのことである。

オーサリングソフト

8　DTP ソフト

　出版物のデザイン・レイアウトをパソコンで行うことである。ページプリンタやスキャナが高性能化・低価格化したことに加え，PostScriptを中心としたアウトラインフォント環境の整備，DTP ソフトの進化によって，現在では印刷物の作成はほとんど DTP ソフトで行われるようになっている。

9　DTM ソフト

　パソコンにさまざまな楽器の音を再現できる MIDI 音源などを接続して，作曲や演奏を行うソフトウェアのことである。**DAW** とも呼ばれ，音楽を制作したり，既存の音楽を編集したり，作ったデータを演奏させたりすることができる。

10　動画編集ソフト

　ビデオカメラで撮影した動画に，タイトルをつけたり，字幕を入れたり，必要のない部分を切り取ったり，さまざまな編集ができる。その編集した動画を DVD に書き込んだりすることもできる。

問題1 次の売上げ表に関する説明の ☐ に入れるべき，最も適切なものを解答群から選べ。

	A	B	C	D	E	F	G	H
1		1月	2月	3月	合計	平均	順位	割合
2	東京店	27	35	32	94	31.33	2	33.94
3	大阪店	31	39	27	97	32.33	1	35.02
4	広島店	23	30	33	86	28.67	3	31.05
5	合　計	81	104	92	277			

（1）　各店舗の1月から3月までの売上げ合計を求めるために，セルE2に ☐（1）☐ を入力し，セルE3とセルE4に複写した。

（2）　各店舗の1月から3月までの売上げ平均を求めるために，セルF2に ☐（2）☐ を入力し，セルF3とセルF4に複写した。

（3）　各月の合計を求めるために，セルB5に ☐（3）☐ を入力し，セルC5からE5に複写した。

（4）　各店舗の売上げの高い順に順位を求めるために，セルG2に ☐（4）☐ を入力し，セルG3とG4に複写した。

（5）　各店舗の売上げ割合を求めるために，セルH2に ☐（5）☐ を入力し，セルH3とH4に複写した。

解答群 ....

ア．＝SUM（A2：D2）　　　　　　　イ．＝SUM（B2：D2）

ウ．＝SUM（B1：B4）　　　　　　　エ．＝SUM（B2：B4）

オ．＝AVERAGE（B2：D2）　　　　　カ．＝AVERAGE（B2：F2）

キ．＝RANK（E2，E2：E4，0）　　　ク．＝RANK（E2，$E2：$E4，0）

ケ．＝RANK（E2，E$2：E$4，0）　　コ．＝E2/E5＊100

サ．＝E2/$E5＊100　　　　　　　　シ．＝E2/E$5＊100

問題2 次のデータベースに関する記述の ☐ に入れるべき，最も適切な字句を解答群から選べ。

　　データベースには，複数の表形式のデータを関係づけて操作するデータベースがある。この関係づけのことを ☐（1）☐ という。表から抽出する操作には，指定した列だけを取り出して新しい表を作成する ☐（2）☐，条件に合った行を抽出する ☐（3）☐，複数の表を組み合わせて1つの表を作成する ☐（4）☐ などがある。

ア．選択　　　イ．結合　　　ウ．射影　　　エ．排他制御　　　オ．トランザクション

カ．リレーションシップ

問題3　次の評価表に関する説明の ☐ に入れるべき，最も適切な関数を解答群から選べ。

	A	B	C	D	E	F
1	番号	国語	数学	英語	合計	判定
2	10	50	86	93	229	合格
3	11	65	58	64	187	不合格
4	12	59	56	77	192	不合格
5	13	52	93	50	195	不合格
6	14	87	59	66	212	合格
7						
8		70 点以上の人数				
9		国語	数学	英語		
10		1	2	2		
11						
12	番号	国語	数学	英語		
13	13	52	59	66		

（1）　判定の欄には，3 科目の合計点が 200 点以上の場合には「合格」，それ以外は「不合格」
　　　と表示する。そのために，セル F2 に ☐ (1) ☐ を入力し，セル F3 からセル F6 に複写
　　　した。

（2）　各科目の 70 点以上の人数を数えるために，セル B10 に ☐ (2) ☐ を入力し，セル C10
　　　からセル D10 に複写した。

（3）　個人のデータを表示したい。番号を入力すると 3 科目の点数を上の表から参照するよ
　　　うに，まずセル B13 に ☐ (3) ☐ と入力して，国語の点数を表示した。

ア．=IF（E2 > 200 ,"合格","不合格"）　　　イ．=IF（E2 > 200 ,"不合格","合格"）

ウ．=IF（E2 >=200 ,"合格","不合格"）　　　エ．=IF（E2 >=200 ,"不合格","合格"）

オ．=COUNTIF（B2：B6 ,">=70"）　　　カ．=COUNTIF（B2：B6 ,"<=70"）

キ．=COUNTIF（B2：B6 ,">=70"）　　　ク．=COUNTIF（B2：B6 ,"<=70"）

ケ．=VLOOKUP（A13 , A2：D6 , 1）　　　コ．=VLOOKUP（A2 , A2：D6 , 1）

サ．=VLOOKUP（A13 , A2：D6 , 2）　　　シ．=VLOOKUP（A2 , A2：D6 , 2）

第5章
情報モラルと情報セキュリティ

1 情報社会の特徴と問題点

1 情報社会の特徴

　ICT は，コンピュータとネットワークを利用して大量の情報を電子化し，瞬時に処理して，時空を超えて伝達・共有することを可能にした。たとえば，個人がインターネットで世界とつながり，情報を瞬時に世界に発信し，世界から受信することができる。そして政治，経済，文化などが国境を越えて地球規模で拡大する**グローバル化**が起こっている。同時に，政治，経済，人々の生活など社会を高度化・複雑化させた面もある。

　これにより，既存の秩序や権威とは無関係に，個人や組織の自由度や可能性が拡大し，電子商取引などでの新しい**ビジネスモデル**が創出されている。また人々の生活でも，日常の買い物や娯楽から，教育，医療，働き方，他の人々とのつながり方などまでさまざまな場面に ICT が浸透し，大きな変化がもたらされている。

ICT (Information and Communication Technology)

グローバル化

ビジネスモデル

2 情報社会の問題点

① コンピュータやネットワークの悪用

①コンピュータやネットワークを利用した犯罪

　コンピュータやネットワークを利用した**サイバー犯罪**が増加し，その手口が高度化・多様化している。サイバー犯罪は，インターネットを利用したものや，コンピュータや電磁的記録を対象としたものなど，情報技術を利用した犯罪であり，**ハイテク犯罪**，**ネット犯罪**ともいわれる。

　たとえば，メールを悪用した**フィッシング詐欺**や架空請求などの詐欺，出会い系サイトを悪用した児童買春，著作権法違反，SNS を利用した名誉毀損などがあり，年々増加していく傾向にある。

　インターネットを利用したサイバー犯罪は，①匿名性が高く，②痕跡が残りにくく，③地理的・時間的制約を受けることなく，短時間で多数の者に被害を及ぼすといった特徴を持つ。そのため，犯罪を行う者にとっては，その所在を特定されにくく，インターネットはきわめて好都合な

サイバー犯罪

ハイテク犯罪
ネット犯罪
フィッシング詐欺

手段になっている。また，相手の顔が見えないことが，抵抗感なく犯罪に手を染める契機にもなっている。

インターネットを介した**クラッキング**などの違法行為が，金融や交通，電力，水道などを制御するシステムを対象とした場合，社会全体にかかわるインフラの機能をマヒさせる可能性があり，サイバー攻撃や**サイバーテロ**と呼ばれている。

クラッキング
サイバーテロ

②違法・有害情報の氾らん

違法・有害情報

インターネットに接続することのできる環境にあれば，誰もが自由に情報を発信し，受信することができる。このことが，インターネット上に有益な情報ばかりではなく，間違った情報や，社会に悪影響を与える違法・有害情報を氾らんさせている。

インターネット上には，違法な情報（児童ポルノ，麻薬販売など）や，特定の者にとって有害と受け止められる情報（アダルト画像，暴力的画像など），公共の危険や生命に対する危険を引き起こす原因となる情報（爆発物の製造・使用，自殺などを誘発する情報など）を掲載するWebサイトやSNS上のグループが多数存在する。

このようなWebサイトなどには誰もがアクセスでき，違法・有害情報に接触できるため，大きな社会問題となっている。特に，青少年の大多数がスマートフォンを持ち，スマートフォンからインターネットを経由して自由にさまざまな情報にアクセスできるため，青少年の健全育成に悪影響を与えることが憂慮されている。

偽のブランド品や海賊版のCD，DVDなどの販売情報も多く，これらの品物がネットオークションやフリマサイトなどに出品されることもある。偽のブランド品や海賊版製品は**知的財産権**の侵害にあたる。

知的財産権

② 情報の過多と信ぴょう性

現代社会では，テレビ，新聞，雑誌，Webサイト，SNSなど，いろいろなメディアからおびただしい情報が洪水のように発信されている。情報が過剰に存在すると，情報について考えることを少なくさせる。

新聞やテレビ，インターネットなどから受け取る情報は，伝達するメディアにより，印象が異なる場合が多い。伝達方法や表現方法が異なるため，内容が同じように伝わらないためである。

このようなメディアで報じられる情報をさまざまな視点でとらえ，客観的に分析し，評価する力のことを**メディアリテラシー**という。

メディアリテラシー

Webサイトや SNS から多くの有益な情報を入手することができるが，同時に，Webサイトや SNS には誰でも自由に情報が発信できるため，誤った情報や偏った情報が含まれていることがある。したがって，**情報の信ぴょう性**を確認することが重要である。

情報の信ぴょう性

WebサイトやSNSでの情報の信ぴょう性を確認するためには，発信者や，資料の出典，内容の新しさなどを確認し，別のWebサイトや新聞，テレビなどと比較することが必要である。

③ 健康への影響

コンピュータを使いすぎると，身体に悪影響を与えることがある。ディスプレイを長時間集中して見ることで，眼球の表面が乾いて充血する**ドライアイ**や，キーボードの打ちすぎによる指や手首などの障害（腱鞘炎など），スマートフォンの使いすぎによる首や肩などへの障害（ストレートネックなど）が起こることがある。こうした症状をまとめて**VDT症候群**という。また，ディスプレイのバックライト等に使われているLEDのブルーライトを長時間浴びることで睡眠障害を引き起こすともいわれている。

パソコンやインターネットを利用することによる人への影響は，心に対しても現れ，**テクノストレス**と呼ばれる。近年では，特に日常生活が破綻するほどインターネットに依存した状態を**インターネット依存**やネット依存といい，なかでもコンピュータゲームやオンラインゲームに依存した状態を**インターネットゲーム障害**やゲーム中毒という。また，過剰にSNSへの投稿や閲覧などを繰り返し，依存している状態をSNS依存という。厚生労働省や文部科学省などで実態調査等は実施されているが，対策については講じられていない。

ドライアイ

VDT（Visual Display Terminal）**症候群**

テクノストレス

インターネットゲーム障害（Internet Gaming Disorder）

④ 社会への影響

インターネット上の有用な情報に，コンピュータを操作して直接アクセスできる人と，できない人とでは，活用することのできる情報量に大きな差が生じる。このような差により生じる社会的・経済的な格差を**ディジタルデバイド**（情報格差）という。その解消のためには，誰もがインターネットにアクセスできる情報インフラ（通信網や情報機器）を整備すること，誰もがコンピュータなどの情報機器を操作する技能と，情報メディアの特徴を理解した上で，**情報リテラシー**（情報を有効に活用する能力）を身に付けることが必要である。

ディジタルデバイド（情報格差）

情報リテラシー

2 ｜ 知的財産権と著作権

1　知的財産権

小説や音楽，美術，映画，発明，コンピュータプログラムなど，知的な創作活動から生産されたものを**知的財産**という。知的財産は，特許権や著作権などといった権利の形で，さまざまな法律によって保護されて

知的財産

いるが，それらの権利はまとめて**知的財産権**と呼ばれている。知的財産権は，大量のコピーや配布が可能なディジタル情報社会では特に重要な権利となっている。

知的財産権

　知的財産権は，**産業財産権（工業所有権**ともいう）と**著作権**を二本柱として，集積回路の配置や営業秘密，商品形態などの知的財産が個別の法律によって保護されている。

産業財産権
工業所有権
著作権

　産業財産権は，産業の発達にかかわる知的財産を保護するものであり，発明を保護する**特許権**，考案を保護する**実用新案権**，工業デザインを保護する**意匠権**，商品名やロゴなどのトレードマークやサービスマークを保護する**商標権**の4つで構成される。ただし，特許庁に出願して登録されないと権利としては扱われない。権利として保護される存続期間は，特許権は20年，実用新案権は10年，意匠権は20年，商標権は10年（更新可能）である。

特許権
実用新案権
意匠権
商標権

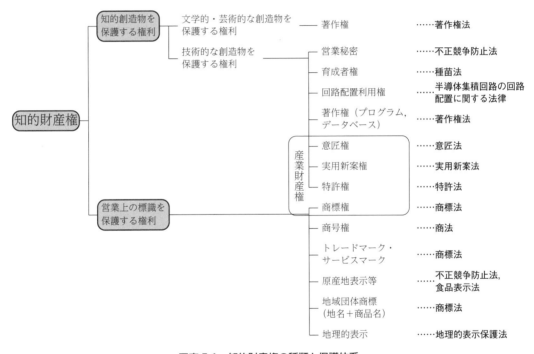

図表 5.1　知的財産権の種類と保護体系

　商品形態や営業秘密，原産地表示などを保護する法律が**不正競争防止法**である。不正競争防止法では，類似商品を作ったり，商標やドメイン名を模倣したり，顧客名簿や設計図などの企業秘密を不正に入手することなどを禁止している。

不正競争防止法

2　著作権

著作権は，小説や音楽，美術などの文化の発達にかかわる知的財産を保護するものである。著作物が創作された時点で自動的に与えられ，権

著作権

利を得るための手続きや登録を行う必要がない。

　著作権は，著作財産権と著作者人格権，著作隣接権から構成されている。

　著作財産権は，経済的な不利益をこうむらないためのもので，狭義の著作権である。譲渡したり，相続したりすることができ，保護期間は，原則として著作者の死後70年である。

著作財産権

　著作者人格権は，著作者が精神的に傷つけられないためのもので，著作物を無断で公表されない権利，名前の表示などについて決定する権利，無断で内容を改変されない権利などである。譲渡したり，相続したりすることはできない。

著作者人格権

　著作隣接権は，実演者やレコード製作者，放送事業者など，著作物を伝達する者に与えられる権利である。

著作隣接権

3　著作物の利用

　ディジタル情報の特徴は，コピーが容易にでき，劣化しないことである。また，再利用や加工，改変も容易にできる。そのため，大量のコピーが作られ，インターネットなどを通じて短時間で配付することができる。しかし，他人が勝手にコピーしたり，コピーしたものを再配布することは著作権法によって認められていない。

　著作権財産には，複製権，貸与権，翻訳権，公衆送信権など関連する多くの権利がある。他人のWebページの文章や画像をコピーするのは**複製権**の侵害にあたり，それを公開するのは**公衆送信権**の侵害にあたる。

複製権
公衆送信権

　たとえば，Webページの作成の際に，ある会社の商標，あるマンガのキャラクタ，違法な音楽サイトの音楽データ，知人の写真などを無断で使用し，公開したとする。これらの使用にはいずれも問題がある。商標は商標権で保護され，マンガのキャラクタは著作権や商品化権で保護されているので，無断使用は不適切である。また，違法な音楽サイトは作詞・作曲家や演奏者の許可を得ていないものなので，**違法サイト**の利用は適切ではない。さらに，知人の写真も，知人の許可がなければ，肖像権の侵害にあたる。

違法サイト

　肖像権は，プライバシーにかかわる権利で，顔写真などみずからの肖像を許可なく撮影されたり，利用されたりしないように主張できる権利である。人格的な権利として，誰にでも認められている。一方，**パブリシティ権**は，商品化や宣伝などに名前や肖像を使用する権利として，有名人だけに認められた財産的な権利である。

肖像権

パブリシティ権

4　ソフトウェアの著作権

　著作権法では，プログラムやマニュアルなどのドキュメントが著作物として認められているが，解法やプログラム言語，規約は保護対象から

除外されている。

　プログラム著作物の場合，バックアップなど必要と認められる限度で，利用者の複製が特例として認められている。また，使用しているコンピュータでの改変，バグの修正などに必要な改変は，**同一性保持権**の特例として認められている。

同一性保持権

　アプリケーションソフトウェアは，市販のソフトウェア以外に，フリーソフトやシェアウェア，パブリックドメインソフトなどがあるが，**フリーソフト**は，インターネットなどで自由に配布され，無料で使用できるソフトウェアである。しかし，著作権は放棄されていないので，利用する場合には利用条件等を読んで著作者の意向に従う必要がある。

フリーソフト（Free Soft）

　シェアウェアはインターネットで自由に配布されているが，継続して使用する場合は，一定の対価を払う必要があるソフトウェアである。開発した側が開発費用の一部分を使用者側に分担（シェア）してもらう意味で名づけられた。

シェアウェア（Shareware）

　パブリックドメインソフト（PDS）は，著作権を放棄したソフトウェアである。配布や修正・変更または販売など，すべて自由に行うことができる。ただし，日本の著作権法では，著作者人格権（氏名表示権など）を放棄できないことになっているため，パブリックドメインソフトは，法律上では基本的に存在し得ない。

パブリックドメインソフト
(PDS：Public Domain Soft-
ware)

　グローバルパブリックライセンス（GPL）は，パブリックドメインソフトと同様に配布や修正・変更などを自由に行うことができる。ただし，著作者は著作権を放棄していないこと，ソフトウェアを改変した場合には改変したバージョンの再配布を断ることができないことなどの点でパブリックドメインソフトとは異なる。

グローバルパブリックライセ
ンス（GPL：Global Public
License)

　オープンソースソフトウェアとは，ソースコードを無償で公開し，誰でも自由に改良や再配布ができるようにしたソフトウェアである。

オープンソースソフトウェア
(OSS：Open Source Soft-
ware)

3 情報モラルと法制度

1 情報モラルの重要性

　情報社会におけるいろいろな問題には，コンピュータやネットワークにかかわる人々のモラル（倫理観）の欠如が原因になっているものが少なくなく，**モラルハザード**といわれている。

モラルハザード

1 情報社会の中の個人

①インターネット上での個人の責任 ·······························

　インターネットの特徴の１つに匿名性がある。匿名であることを利

用し，他人への中傷や侮蔑，無責任なうわさの流布，特定の個人のプライバシーに関する情報の無断掲示，差別的な落書きなど悪質な行為が増えている。インターネット上でも，お互いの人権を尊重し，相手を思いやる行動をとらなければならない。

②個人情報の流出と保護 ....

　個人情報とは，氏名，住所，電話番号，勤務先，性別，年齢などいくつかを組み合わせると，その個人を特定できる情報である。その中で，氏名，性別，住所，生年月日を**基本四情報**という。また，家庭や社会生活，経済活動や思想信条などに関する多くの個人情報がある。

　これらの個人情報が，ときには経済的な価値を持つため，事業者や行政機関から個人情報が売られたり，盗まれたりすることがある。また，不正アクセスやスパイウェア，フィッシング，キーロガー，盗み見（ショルダーハッキング）などの不正行為により盗まれることがある。

　ディジタル化された個人情報がひとたびインターネット上に流出すると，その情報を消去することも，また流出させた者を特定することも困難になる。流出した個人情報は，意図しない使われ方をされたり，犯罪などに悪用されたりすることがある。また，本籍や思想，健康情報，犯罪歴などの無断公開は，**プライバシー権**をおかすものでもある。

　個人情報の有用性に配慮しつつ，個人情報を適切に取り扱うために，事業者の義務などを定めた**個人情報保護法**が制定されている。JIPDECが運営する個人情報保護の体制や運用の状況が適切である事業者に**プライバシーマーク**を付与するプライバシーマーク制度がある。

図表 5.2　プライバシーマーク

個人情報

プライバシー権

JIPDEC：一般財団法人日本情報経済社会推進協会
プライバシーマーク

██ 2 ██　インターネットを利用する際のルールやマナー

　現在，インターネットはさまざまな人々により利用されているが，その開発の初期には，一部の研究者だけが利用していたため，使用指針もなく，善意ある利用者の自己責任で運用されていた。しかし，利用が研究者以外にも広く開放され，利用者が増大するにつれ，多くのトラブルが発生するようになった。

　その原因には，ハードウェアやソフトウェアなどの技術的要因だけではなく，利用者のモラルの欠如に起因するものが多く見受けられた。このようなモラルにかかわる原因を放置しておくと，ネットワークそのものが信頼できなくなり，健全な発展が阻害されるおそれがあった。

　そこでネットワークを有効に，信頼性の高いものとして利用するために，さまざまなルールやマナーを守る必要がある。

1 さまざまなルールやマナー

　ネットワーク上では，電子メールやSMS，SNSなどのコミュニケーションや，Webサイトでの情報発信などが行われる。このようなコミュ

ニケーションでは,さまざまな人が,いろいろなコンピュータ環境でネットワークを利用していることに配慮し,相手を思いやる気持ちを大切にして,誹謗や中傷,差別的な発言をしない,秩序やマナーに反しないなどの,日常生活と同様のルールやマナーが必要である。これに加えて,次のような点に注意すべきである。

①スマートフォン利用のルールやマナー ………………………………………………

1) 歩行中は,スマートフォンを使用しない。
2) 自動車や自転車などの運転中は,スマートフォンを使用しない。
3) 電車内ではマナーモードに設定し,通話はしない。
4) 飛行機内では電源を切るか,機内モードに設定する。電源が入っていて,機内モードに設定していないときは,使用しなくても電波を出しているので,機内の電子機器が誤作動を起こす可能性がある。
5) 人を撮影するときは,相手の了承を得る。

②電子メールでのルールやマナー ………………………………………………

1) 簡潔でわかりやすいメールを書き,よく読み直してから送る。
2) 大きな記憶容量のファイルを添付しない。送ることが必要ならば,圧縮・分割する。
3) 半角カタカナや**機種依存文字**は,文字化けする可能性があるので,使用しない。

機種依存文字

4) 迷惑メールを送らない。

③SNS でのルールやマナー ………………………………………………

1) 自分や他人の個人情報を投稿しない。
2) 写真や動画を投稿する際は,一緒に写っている人にその容貌や場所,物などが写り込んでいてもよいか,確認する。
3) 友達申請や ID 交換は,相手の許可を得る。
4) 倫理上,問題のある内容を投稿しない。
5) 守秘義務や職業上の倫理に反する内容を投稿しない。
6) 誹謗中傷など人に不快感を与える内容を投稿しない。
7) タグ付けやハッシュタグはよく考えて行う。
8) むやみに拡散させない。

④Web ページ作成のルールやマナー ………………………………………………

1) 人に不快感や悪影響を与えない。
2) 著作権や肖像権などを侵害しない。
3) 自分や他人の個人情報を掲載しない。
4) 違法な Web サイトにリンクしない。

⑤電子掲示板でのルールやマナー ……………………………………………………

1) 掲示板の運用方針や書き込む際の注意をよく読む。

2) 無意味な内容や，何度も同じことを書き込まない。

3) 自分や他人の個人情報を書き込まない。

3 法制度の整備

① コンピュータ犯罪を防止するための刑法

コンピュータやデータの破壊や改ざんには，次のような刑法に基づく刑事罰が科されるようになった。コンピュータやデータを破壊することによる業務妨害に対して**電子計算機損壊等業務妨害罪**，事務処理を誤らせる目的でのデータ不正作成や提供に対して**電磁的記録不正作出および供用罪**，コンピュータに虚偽の情報や不正指令を入力し，不正に利益を得る詐欺行為などに対して**電子計算機使用詐欺罪**などの罪が定められている。

電子計算機損壊等業務妨害罪

電磁的記録不正作出および供用罪

電子計算機使用詐欺罪

② 不正アクセス行為の禁止等に関する法律（不正アクセス禁止法）

ユーザ ID やパスワードを盗み，ネットワークに不正にアクセスし侵入する行為などを規制する法律である。他人のユーザ ID やパスワードを第三者に許可なく教えるのも，不正アクセスを助長する行為として処罰の対象となる。

不正アクセス禁止法

③ 電子署名および認証業務に関する法律（電子署名法）

電子商取引では，取引の相手が本当に本人であるのか，という本人確認と，受信された情報が改ざんされていないか，という原本性の保障が大きな課題である。この法律の目的は，電子署名（ディジタル署名）に一般的な署名や押印と同じ効力を持たせることである。電子署名や電子証明書を規定し，認証業務や認証事業者について規定している。

電子署名法

④ 個人情報の保護に関する法律（個人情報保護法）

電子化された情報がネットワーク上で迅速に流通する情報ネットワーク社会では，個人情報の保護が重要である。伝統的な「私生活をみだりに公開されないという法的保障ないし権利」という消極的なものから，現代的な「自己に関する情報の流れをコントロールする個人の権利」という積極的なものへと発展している。個人情報保護法（2005 年施行）では，個人情報取扱事業者が，個人情報を取り扱うにあたっては，漏えいなどが発生しないよう，安全管理措置を講ずること，とされている。

個人情報保護法

⑤ 特定電子メール法

迷惑メールを規制する「特定商取引に関する法律の改正」と「特定電子メールの送信の適正化等に関する法律」の 2 法案（合わせて特定電子メール法，迷惑メール防止法などという）が 2002 年 7 月に施行された。広告メールを送信する際に，送信者のメールアドレス，氏名，名

特定電子メール法

迷惑メール防止法

称，住所の表示を，一方的に送る場合は「未承諾広告※」の表示を義務
づけている。2008 年の改正により，受信者が受け取りを希望する意思
を表明した場合に限り，広告メールの送信を行うことができる**オプトイ
ン**方式に変更された。それまでは，メール受信を希望しない意思を連絡
した相手に対してメール送信を禁止する**オプトアウト**方式だった。

オプトイン

オプトアウト

⑥ 電子消費者契約および電子承諾通知に関する民法の特例に関する法律（電子消費者契約法）

電子消費者契約法

電子消費者契約における錯誤無効制度の特例を設け，電子契約の成立
時期を明確にする法律である。申込み内容を適切に確認できるようにす
るなど，操作ミスを防止する措置を取っていない場合は，消費者の操作
ミスによる意図しない契約を無効にすることができるようにしている。

一般的な契約は，契約を承諾する者が承諾の通知を出した時点を成立
時期としている（**発信主義**）が，電子的手段では，通知は瞬時に到達す
るので，契約の成立時期を通知が到達した時点に変更されている（**到達
主義**）。電子承諾通知の到達時期は，消費者が電子承諾通知にアクセス
可能となった時点である。電子メールによる通知では，メールボックス
に読取り可能な状態で入ってきた時点である。

発信主義

到達主義

⑦ 特定電気通信役務提供者の損害賠償責任の制限および発信者情報の開示に関する法律（プロバイダ責任制限法）

Web サイトや電子掲示板等による情報の流通によって他人の権利が
侵害された場合について，プロバイダなどの損害賠償責任の制限・明確
化，発信者情報の開示請求権を規定している。その後，業界団体による
同法のガイドラインが策定された。

⑧ 青少年が安全に安心してインターネットを利用できる環境の整備等に関する法律（青少年インターネット環境整備法）

青少年が，いわゆる「出会い系サイト」や性的わいせつな描写のある
サイト，自殺や犯罪行為を誘発するサイトなどの有害サイトを閲覧でき
ないようにフィルタリングすることなどを保護者や事業者に義務づけて
いる法律である。保護者に対しては，利用方法の指導，利用の管理・監
視，回線提供事業者への 18 歳未満であることの申告を義務づけている。
また，事業者に対しては，フィルタリングの提供，利用者が 18 歳未満
かどうかの確認などを義務づけている。

⑨ インターネット異性紹介事業を利用して児童を誘引する行為の規制等に関する法律（出会い系サイト規制法）

児童（この法律では 18 歳未満の青少年を児童としている）が，出会
い系サイト等を通じて児童買春やその他の犯罪被害に遭わないよう保護
することを目的としている。誰であっても，対価の有無にかかわらず，

児童を，性交や異性交遊等の相手方となるように，出会い系サイト等を通じて誘引することを禁止している。また，事業者に対しては，児童による利用の禁止の明示，児童でないことの確認，児童の健全な育成に障害を及ぼす行為の防止措置を講じることなどを義務づけている。

4 情報セキュリティ

1 情報セキュリティとは

現在では，個人でもインターネットに常時接続するユーザが増えており，LAN においてもプロトコルが TCP/IP であるため，適切な対策を怠ると，コンピュータウイルスの侵入などによるシステムの破壊，不正アクセスによる情報流出，一度に大量のメールを受信することによるサーバの破壊などが懸念される。

このようなことが起こると，社会的な信用を失ったり，損害賠償が発生したりといった損失を被ることになる。

システムの破壊や不正アクセスによる情報流出などの不正行為からコンピュータやネットワーク，ソフトウェアなどを守り，個人や企業が管理している資産価値のある情報に対して危機管理を行うことを**情報セキュリティ**と呼ぶ。

情報セキュリティ

2 情報資産と脅威

情報資産とは，資産価値のある情報やそれを扱う機器のことで，有形資産と無形資産に分類することができる。有形資産には，コンピュータやネットワーク関連の機器やデータが記録されている USB メモリ，紙媒体の文書類などがあり，無形資産には顧客情報や個人情報などのデータ，開発情報などの営業秘密などがある。

情報資産

情報資産に対する危機の原因や手段を脅威という。脅威は，人的脅威，物理的脅威，技術的脅威に分類することができる。

3 人的脅威

人的脅威とは，直接，人が関わる脅威である。人的脅威には次のようなものがある。

① フィッシング

フィッシング

フィッシングは，実在する銀行やカード会社などを装ってメールを送り，その企業の Web サイトに見せかけて作成した偽装サイトに誘導し，ユーザ ID やパスワード，銀行口座番号やクレジットカード番号，暗証番号などを入力させて，金融情報や個人情報を不正に入手することである。また，宅配業者等を装った SMS を送り，その業者の Web サイト

に見せかけて作成した偽装サイトに誘導し，そこから偽装アプリをダウンロードさせた上で端末の情報を盗み出す手法も広まってきている。

② なりすまし

なりすましは，不正に入手したユーザIDやパスワードを使って，正規の利用者のふりをしてデータを送受信したり，機密情報を入手したりすることである。近年では，企業で請求書の支払いや電信送金を扱える権限を持つ人物を狙って，偽の送金指示などを行うビジネスメール詐欺や，意思決定権限を持つ人物になりすまして，偽の送金指示や情報開示の指示を行うCEO詐欺なども増えており，なかには数億円詐取された企業もある。

なりすまし

③ ソーシャルエンジニアリング

フィッシングやなりすましなど，人間の心理的な隙や行動のミスを巧妙につく心理的な攻撃のことを**ソーシャルエンジニアリング**という。ほかにも，パスワードを入力しているところを後ろからのぞき見する**ショルダーハッキング**や，ゴミ箱に捨てられた書類などを盗む**トラッシング**などがある。トラッシングは不正アクセスを行う目的で，サーバやルータなどの設定情報やネットワーク構成などの書類から，担当者や役職者になりすますために，氏名や部署の情報を事前に収集するケースが多いといわれている。

ソーシャルエンジニアリング

ショルダーハッキング

トラッシング

④ 人為的ミス

紛失や誤操作など，意図しない結果を起こす人間の行為で，**ヒューマンエラー**ともいう。

たとえば，個人情報漏えいを例にとってみると，図5.3に示すとおり，

ヒューマンエラー

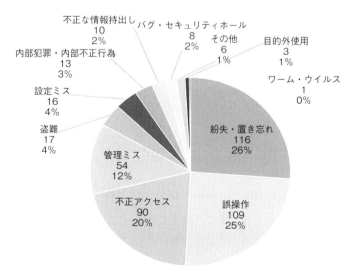

〈出典〉JNSA（日本ネットワークセキュリティ協会）Webサイト
「2018年情報セキュリティインシデントに関する調査報告書【速報版】」

図表5.3　個人情報漏えいの原因（2018年）

原因の約80%は人的脅威によるもので，そのうち約10%が盗難や内部犯罪など悪意によるものであるが，約70%は人為的なミスによるものである。紛失・置き忘れが26%，誤操作が25%，管理ミスが12%，設定ミスが4%となっており，必ずしも悪意によるものではないと思われるものも多い。

4 物理的脅威

物理的脅威とは，有形資産に対する物理的な破損や妨害による脅威である。物理的脅威には次のようなものがある。

① 不正侵入

サーバやネットワーク設備，機密文書などのある建物に，外部から正規の手続きを経ずに侵入する行為である。不正侵入して，機器等を破壊したり，機密文書を盗み出したりする。

② 機器の破損や故障

ハードディスクドライブのヘッドクラッシュによる破損や老朽化による故障，ネットワーク設備の接触不良による故障，サーバの熱暴走など機器が破損したり，故障したりして使用不可能な状態になることである。

③ 停電

落雷などの自然災害などによってサーバやハードディスクなどへの電源の供給が停止することである。停電によってハードディスクのヘッドクラッシュが起きたりすることもある。また，停電だけでなく，電源供給が不安定になることでもサーバが停止したり故障したりすることもある。

5 技術的脅威

技術的脅威とは，コンピュータプログラムなどの情報技術が介在する脅威である。技術的脅威の1つである不正プログラムの総称をマルウェアという。技術的脅威には次のようなものがある。

① コンピュータウイルス

コンピュータウイルス

コンピュータウイルスは，コンピュータシステムやソフトウェアの機能の弱点をねらって何らかの被害を及ぼすように作られた不正なプログラムである。自己伝染機能や潜伏機能，発病機能のうち，いずれか1つ以上の機能を持つ。

ファイルやデータを消したり，流出させたりするような悪質なものや，コンピュータの内部まで入り込んでコンピュータを起動できなくさせるもの，決まった日に画面にメッセージを表示するものなどがある。コンピュータウイルスには，ワープロソフトやメールソフトに寄生する「ウイルス」タイプや，完全に自立して自己増殖していく「ワーム」タイプがある。

② トロイの木馬

トロイの木馬は，実用性や娯楽的要素を含んだプログラムに見せかけてデータを破壊するものである。コンピュータウイルスや不正アクセスなどで作られる「コンピュータへ不正に侵入するための入口」を**バックドア**というが，「トロイの木馬」の中にはバックドアを作るものもある。

トロイの木馬

③ ランサムウェア

ランサムウェアは，感染させたパソコンのファイルやデータにアクセスできないようにし，その復元を条件に金銭を要求するプログラムである。

ランサムウェア

④ スパイウェア

スパイウェアは，ハードディスクに記録された情報や表示画面の情報などを外部に流出させるプログラムである。Web ページの閲覧や，動画や音楽を再生する無料ソフトのインストール中に一緒に入り込むことがある。また，Web ページの閲覧履歴を集めて分析し，利用者が興味を持ちそうな分野に関する広告を画面に表示させる**アドウェア**もスパイウェアの 1 つとされている。

スパイウェア

アドウェア

⑤ キーロガー

キーロガーは，キーボードからの入力を監視して記録するプログラムである。インターネットバンキングの取引の際に入力されるクレジットカード番号や Web の認証情報などを盗み取り悪用する。

⑥ ボット

ボットは，一定の処理を自動化するためのプログラムで，とりわけコンピュータに潜んで，コンピュータを遠隔操作したり，利用者の意図しない通信を行ったりする不正なプログラムを指す。ボットによってコンピュータが乗っ取られ，DDoS 攻撃の踏み台に使われたり，クレジットカード番号や Web の認証情報などを盗み取られたりする危険性がある。こうした不正な行為は **C&C サーバ**から指示・命令される。ボットは複数のコンピュータに送られてボットネットを構成し，C&C サーバと呼ばれるサーバがボットネットに指示を送るなどの制御を行う。

ボット

C&C サーバ（Command&Control サーバ/コマンド & コントロールサーバ）：指揮統制サーバ

⑦ ブルートフォース攻撃

ブルートフォース攻撃は，ユーザ ID やパスワードといった認証情報など，理論的にありうるパターンすべてを試み，解読する方法である。一般的にはそのためのプログラムが用いられる。総当たり攻撃ともいう。

ブルートフォース攻撃

⑧ リスト攻撃

リスト攻撃は，何らかの方法で入手したユーザ ID とパスワードがセットとなったアカウント情報のリストを使って不正ログインを試みる方法である。一般的にはそのためのプログラムが用いられる。

リスト攻撃

9 不正アクセス

　不正アクセスは，コンピュータネットワークを利用するものが，与えられた権限以上の行為を意図的に行うことである。一般には，政府機関や企業，団体などの内部のコンピュータネットワークに外部から正規の手続きを経ずに不正侵入する行為をいう。不正アクセスは，ブルートフォース攻撃やリスト攻撃などによって他人のユーザ ID やパスワードを不正入手したり，セキュリティホールを攻撃したりして行われる。セキュリティホールとは，ソフトウェアの設計ミスなどで生じた不具合などのぜい弱性である。なお，不正入手した認証情報を使って直接システムへの不正アクセスを試みる場合は人的脅威となる。

10 ゼロディ攻撃

　ゼロディ攻撃は，セキュリティパッチが提供される日より前にセキュリティホールを攻略し，攻撃する方法である。セキュリティパッチとは，セキュリティホールを修正するためのプログラムである。セキュリティパッチが提供される日を One Day とし，その前を Zero Day としてこの名称がついた。

11 DDoS 攻撃

　DDoS 攻撃は，攻撃元が複数のコンピュータを乗っ取り，それらのコンピュータを踏み台にして，標的のサーバに対してインターネットを介して大量の処理要求を送り，サービスを停止させる攻撃方法である。なお，攻撃元が 1 台のコンピュータの場合を DoS 攻撃という。

DDoS 攻撃 (Distributed Denial of Service attack)

DoS 攻撃 (Denial of Service attack)

12 その他の攻撃手法

- ・アプリケーションのセキュリティ上の不備を意図的に利用し，アプリケーションが想定しない SQL 文を実行させてデータベースシステムを不正に操作する **SQL インジェクション**。
- ・DNS サーバの情報を故意に書き換える **DNS キャッシュポイズニング**。
- ・攻撃用 Web ページに利用者を誘導し，利用者の Cookie などを盗み取る **クロスサイトスクリプティング**。
- ・攻撃用 Web ページに利用者を誘導し，利用者のリクエストとして悪意のある投稿などを行わせる **クロスサイトリクエストフォージェリ**。
- ・ぜい弱性を利用し，本来であれば指定できないはずのファイルを指定して，利用者が意図しないファイルを入手する **ディレクトリトラバーサル**。

　その他にもさまざまな脅威があるので注意が必要である。

6　情報セキュリティ対策

　情報資産を脅かす脅威に対して行う対策を，情報セキュリティ対策という。情報セキュリティ対策は，人的セキュリティ対策，物理的セキュリティ対策，技術的セキュリティ対策に分類することができる。

7　人的セキュリティ対策

　人的セキュリティ対策とは，人による誤りや不正行為等を軽減し，情報資産を守る対策である。人的セキュリティ対策には，たとえば，情報セキュリティポリシーや社内規定の策定，マニュアルの遵守，教育や訓練の実施，アクセス権の管理などがある。

8　物理的セキュリティ対策

　物理的セキュリティ対策とは，ハードウェアや環境面から情報資産を守る対策である。物理的セキュリティ対策には次のようなものがある。

- ・入退室管理・映像監視の導入……入退室管理システム，映像監視システム
- ・盗難防止……施錠，キャビネット
- ・電源対策……データセンタ，UPS

9　技術的セキュリティ対策

　技術的セキュリティ対策とは，ICT 技術を用いて情報資産を守る対策である。技術的セキュリティ対策には次のようなものがある。

1　認証

　認証とは，利用者がネットワークにアクセスしたとき，登録された正規の利用者であるかどうかを確認し，正しければ**アクセス権**を与えるプロセスのことである。一般的には，ユーザ ID とパスワードによって認証を行う。

　ユーザ ID は，ネットワークの利用者を識別するための番号や文字列のことである。本人であることを確認する手段の１つであるが，氏名の一部であったり，会社の所属部課であったりする。そのため，機密性が低く，パスワードとセットで本人確認を行うようになっている。

　パスワードは，本人だけが知っている暗証番号や暗証文字列のことである。ユーザ ID と比べると，機密性が要求され，生年月日や電話番号などといった推測しやすい番号を使用することは避けなければならない。また，定期的に変更することも重要である。１回だけしか使えない**ワンタイムパスワード**もあり，セキュリティ性が高い。

　近年では，人の身体的特徴や行動的特徴を用いて個人を認証する**生体認証（バイオメトリクス）**も利用されている。生体認証に用いられる身体的特徴には，指紋，掌紋，虹彩，耳形，声紋，顔，静脈などがある。また，行動的特徴には，まばたき，署名，キーストローク，歩き方（歩

容）などがある。なお，行動的特徴による認証は入退室管理などの場面
での利用で，コンピュータやネットワークへのアクセス権の付与には身
体的特徴が使われる。

② アクセス制御

　アクセス制御では，**アクセス権**の設定を行う。アクセス権は，コン
ピュータのユーザに与えられた，ファイルやフォルダ，プリンタなどの
コンピュータ資源を利用する権限である。管理者はすべての資源にアク
セスできるが，一般のユーザにはアクセスできる資源を限定する。アク
セス権限を持たないユーザに対しては，資源やネットワークにアクセス
させないという設定を行う。

③ ファイアウォール

　ファイアウォールはインターネットなどの外部ネットワークと，内部
ネットワークとを分けて，外部からの不正アクセスを受けないようにす
るコンピュータを指す。その組織のセキュリティポリシーに基づいた通
信のみを行う。

④ 暗号技術

　情報を送信するときに，情報を盗聴や改ざんから守るための重要な技
術が暗号化である。送信される情報の機密保護とともに，送られた文書
の内容が改ざんされていないことを証明することも，重要な暗号化の目
的である。

①共通鍵暗号方式と公開鍵暗号方式 ……………………………………

　情報の送信側で**暗号化**のための**鍵**を使って暗号化し，受信側の鍵を
使って**復号**することにより，もとの情報である平文に戻す。暗号化の方
式には，共通鍵暗号方式と公開鍵暗号方式がある。

　共通鍵暗号方式では，送信側と受信側が同じ鍵（**共通鍵**）を使って，
暗号化と復号を行う。この鍵を**秘密鍵**ともいう。この方式では，同じ鍵
を使うので，暗号化と復号を高速に行えるが，鍵の盗聴に注意が必要で
ある。

　公開鍵暗号方式では，送信側が公開鍵で暗号化し，受信側は秘密鍵で
復号する。復号鍵（秘密鍵）から暗号化鍵（公開鍵）は生成できるが，
暗号化鍵（公開鍵）から復号鍵（秘密鍵）は生成できないので，セキュ
リティは共通鍵暗号方式よりも高くなる。しかし，暗号化と復号の処理
には時間がかかる。

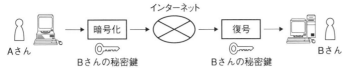

共通鍵暗号方式

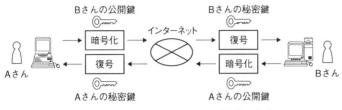

公開鍵暗号方式

図表5.4 共通鍵暗号方式と公開鍵暗号方式

②電子署名（ディジタル署名）

　電子商取引では，取引の相手の**本人確認**と，受信された情報の**原本性**の保証が重要である。なりすましや改ざんが行われていないことを示すものとして，**電子署名（ディジタル署名）**がある。公開鍵暗号方式とは逆に，送信側が秘密鍵で暗号化し，受信側が公開鍵で復号して，その文書が改ざんされていないことを保証する仕組みである。

本人確認
原本性

電子署名
ディジタル署名

③電子認証と認証局

　電子商取引では，電子署名者の本人確認をシステムを利用して電子的に行っている。これを総称して**電子認証**といい，それを行う機関を**認証局（CA）**という。

電子認証
認証局
CA（Certificate Authority）

　認証局は，他人になりすまして公開鍵を発行し，詐欺などに悪用することを防ぐために，公開鍵を発行する者の身元確認などを行っている。ここが発行する公開鍵証明書は，印鑑証明の役割を果たしている。

　また，認証局によって公開鍵暗号方式や電子署名で用いる公開鍵とその公開鍵の持ち主の対応関係を保証するための仕組みを**PKI**という。

PKI（Public Key Infrastructure）：公開鍵基盤

　PKIが機能するためには，公開鍵証明書の信頼性を保持することが必須である。そのため，秘密鍵が漏えいした場合や署名権限を失った場合には，まだ期限が切れていなくても公開鍵証明書を無効化する必要がある。このための手続きを公開鍵証明書の失効という。公開鍵証明書が失効しているかどうかを確認する方法として**CRL**と**OCSP**がある。CRLはすでに失効した公開鍵証明書のリストである。ユーザはCRLを確認することで公開鍵証明書が失効しているかどうかを確認することができる。OCSPは，OCSPレスポンダというサーバに公開鍵証明書の状況が管理されており，ユーザはOCSPレスポンダに失効情報の問合せを行うことで，公開鍵証明書が有効か，失効か，不明かを確認できる。

CRL（Certificate Revocation List）
OCSP（Online Certificate Status Protocol）

④ TLS（SSL）

TLS は，暗号化のプロトコルである。Web サイトでやり取りされる情報を暗号化し，インターネットショッピングなどで個人情報を保護するための仕組に利用されている。

⑤ 3D セキュア

3D セキュアは，インターネット上のクレジットカード決済時に利用される本人認証サービスである。現在では 3D セキュア 2.0 がリリースされ，リスクベース認証が導入された。これは，利用者の取引履歴やデバイス情報などからリスク分析を行い，不正利用のリスクが低いと判定された利用者に対しては追加の本人確認が不要となる機能である。

⑥電子透かし

電子透かしは，画像データに肉眼では判別できない制作者の情報などを埋め込む技術である。通常の操作で消すことができず，著作権のありかを示し，画像情報の不正使用の防止を目指すものである。

5 違法・有害情報やマルウェアの遮断

違法・有害情報が，インターネット利用者に悪影響を与え，犯罪の引き金になる事件も多発している。このような違法・有害情報を選別するソフトに**フィルタリングソフト**がある。

フィルタリングソフトは，有害情報と関連する URL やキーワードなどを登録しておくことでアクセスを制限するもので，青少年向けに学校や家庭で使われている。

最近では企業で，業務に関係のない Web サイトの閲覧を制限するためにも使われている。しかし，このようなフィルタリングソフトに頼ることなく，氾らんする情報の中から有益な情報を選ぶ力をつけることが大切である。

また，マルウェアの対策として，**セキュリティソフト**がある。コンピュータウイルスをはじめとしたマルウェアの侵入や感染の検知や駆除，感染源となったファイルの隔離や削除などを行う。コンピュータウイルスやスパイウェアなどの検知には，それらマルウェアの特徴を記録した**パターンファイル**を用いる。そのため，セキュリティソフトだけでなくパターンファイルについても自動更新の設定をして最新の状態にしておく必要がある。また，セキュリティソフトは，自動かつリアルタイムでのスキャンを行う設定にしておく。さらに，OS やブラウザなどのソフトウェアも，常にアップデートして最新の状態にしておくなども重要である。

フィルタリングソフト

セキュリティソフト

パターンファイル

章 末 問 題

問題1　次の文章を読み，それぞれに対応する最も適切な字句を解答群から選べ。

（1）　感染させたパソコンのファイルやデータにアクセスできないようにし，その復元を条件に金銭を要求するプログラムのこと。最近では仮想通貨での支払いを要求する例もある。

（2）　金融機関や宅配業者などからの正規のメールや SMS を装ったメッセージから偽の Web サイトへと誘導し，暗証番号やクレジットカード番号などを詐取する詐欺のこと。

（3）　コンピュータに潜み，個人情報を収集・送信するソフトウェアのこと。Web ページの閲覧履歴を集めて利用者が興味を持ちそうな分野を分析し，その分野に関する広告を画面に表示させるものもある。

（4）　わいせつな情報，暴力など犯罪につながる情報，非合法な物品の取引についての情報などを発信する Web サイトへのアクセスを制限し，有害情報を遮断すること。

（5）　組織内部のコンピュータネットワークに対し，外部から侵入されるのを防ぐシステムである。そのための機能が組み込まれたルータやホストコンピュータを指す。

（6）　公開鍵暗号方式では，送信側が公開鍵で暗号化し，受信側が秘密鍵で復号している。これは盗聴を防ぐためのものであるが，なりすましや改ざんが行われていないことを示すものとして，送信側が秘密鍵で暗号化し，受信側が公開鍵で復号して，その文書が改ざんされていないことを保証する仕組みである。

解答群 ……………………………………………………………………………………………

（1）～（3）　ア．クラッカー　　　　イ．モラルハザード　　　ウ．不正アクセス
　　　　　　　エ．チェーンメール　　オ．迷惑メール　　　　　カ．フィッシング
　　　　　　　キ．スパイウェア　　　ク．ランサムウェア　　　ケ．ハッカー

（4）～（6）　ア．フィルタリング　　イ．モラルハザード　　　ウ．不正アクセス
　　　　　　　エ．チェーンメール　　オ．ファイアウォール　　カ．架空請求メール
　　　　　　　キ．スパイウェア　　　ク．スキミング　　　　　ケ．電子署名

問題2　次の知的財産権に関する文章を読み，設問に答えよ。

　知的財産は，特許権や著作権などといった権利の形で，さまざまな法律によって保護されているが，それらの権利はまとめて知的財産権と呼ばれ，(a)大量のコピーや配布が可能なディジタル情報社会ではとくに重要な権利となっている。

　知的財産権は，産業財産権（工業所有権）と著作権を二本柱として，集積回路の配置や(b)営業秘密，商品形態などの知的財産が個別の法律によって保護されている。

　産業財産権には，　（1）　を保護する特許権，　（2）　を保護する実用新案権，　（3）　を保護する意匠権，　（4）　などのトレードマークやサービスマークを保護する商標権があるが，基本的には産業の発達にかかわる知的財産を保護する。ただし，登録しないと権利としては扱われない。

　それに対して著作権は，基本的には小説・音楽・美術などの文化の発展にかかわる知的財産を保護するもので，届出の必要がなく，創作された段階で権利が発生する。著作権法には著作権のほか

に，歌手などの実演家や放送局など伝達者の権利である著作隣接権も規定されている。

<設問1> 文中の ［(1)］～［(4)］ に入れるべき，最も適切な字句を解答群から選べ。

<設問2> 次の問に答えよ。

(5) 下線部（a）と関連したディジタル情報の特徴として，最も適切なものを解答群から選べ。

(6) 下線部（b）に示した営業秘密や商品形態などを保護する法律として，最も適切なものを解答群から選べ。

(7) インターネットを利用する際に，知的財産の誤った利用によって他人の権利を侵害する可能性がある。他人の権利を侵害しないように対処したこととして，最も適切なものを解答群から選べ。

(解答群)··

(1)，(2)　ア．発見　　　　イ．発明　　　　　　ウ．理論

　　　　　エ．考案　　　　オ．考察　　　　　　カ．植物新品種

(3)，(4)　ア．営業秘密　　イ．工業デザイン　　ウ．工業デザインと商標

　　　　　エ．商号　　　　オ．商品名やデザイン　カ．商品名やロゴ

(5)　ア．ディジタルで記録された情報は，コピーしてもその質が落ちるため，同じ情報を大量にコピーすることができない。

　　　イ．インターネットを利用しても，大量の情報を短時間で多くの人々に送り届けることができない。

　　　ウ．ディジタル情報は，「もの」と同様に他の人に渡すと自分の手元から完全になくなる。

　　　エ．インターネット上の情報は，信ぴょう性に欠ける情報や，個人の思惑によって意図的にゆがめられた情報などもあるので，注意すべきである。

(6)　ア．商標法　　　イ．意匠法　　　ウ．商法　　　エ．不当競争防止法

(7)　ア．他人のWebページの文章や画像を，無断で自分のWebページに掲載して公開した。

　　　イ．自分のWebページに，会社の商標やマンガのキャラクタを無断でコピーして公開した。

　　　ウ．風景写真をWebページに取り込んで公表したが，知人が大きく写っていたので，知人にあらかじめ許可を得ておいた。

　　　エ．インターネットの違法な音楽サイトから，自分の好きな歌手の音楽データをダウンロードして聞いた。

情報社会とコンピュータ

1 コンピュータネットワーク技術の進歩

1 コンピュータの発達

コンピュータには半導体素子が使われている。半導体素子として，トランジスタ，IC（集積回路），ついでLSI（大規模集積回路）などが開発され，コンピュータの小型化・高性能化が進み，計算速度と信頼性が飛躍的に向上した。また，いろいろな機能をプログラムによって自由に変えられる半導体素子である**マイクロプロセッサ**が登場した。

マイクロプロセッサを使用したコンピュータ，すなわちマイクロコンピュータ（マイコン）は，家電製品や工業用製品に組み込まれ，**センサ**として温度や圧力などを計測し，動作を制御して，性能や使いやすさの向上や省力化などに貢献している。たとえば全自動洗濯機では，マイコンが洗濯，すすぎ，脱水の切替えを行い，センサにより水の量や汚れの状態を検出し，それに応じて洗濯やすすぎの程度を自動的に制御している。このような仕組みを**マイコン制御**という。

コンピュータの**ダウンサイジング**の動きに伴い，汎用コンピュータよりも小型で，低価格のオフィスコンピュータ（オフコン）やサーバ，ワークステーション，パソコンなどが登場し，これらを利用して各部門内の必要な業務をワープロソフトや表計算ソフト，データベースソフトなどを使って行うようになった。オフィス業務の効率化のための**オフィスオートメーション（OA）**が実現する一方で，工場内の業務を効率化するための**ファクトリーオートメーション（FA）**も実現した。

現在では，**AI**を活用したスマートオフィスやスマートファクトリーなども実現しつつある。

2 ネットワークの発達

コンピュータは当初，単体（**スタンドアローン**）で利用されていたが，ケーブルなどで接続し，ネットワークとして利用されるようになった。

企業内のネットワーク（**LAN**）は最初，一部のコンピュータだけが接続されていたが，しだいにオフィス全体に張り巡らされ，現在ではほと

マイクロプロセッサ

センサ

マイコン制御

ダウンサイジング

オフィスオートメーション（OA）

ファクトリーオートメーション（FA）

AI（Artificial Intelligence）：人工知能（→p.141）

スタンドアローン

LAN（Local Area Network）

んどのパソコンがネットワークにつながっている。また，クライアント
サーバシステムが導入され，LAN はより使いやすいものになっている。

　LAN どうしを接続した WAN が一般化し，さらに一部の研究者だけ
のものであったインターネットが，一般の企業や個人でも利用できるよ
うになった。

　インターネットは，Web ページの閲覧や電子メールの利用など，新
しい情報伝達方法を提供し，その接続には，ADSL や光ファイバケー
ブル（FTTH），ケーブルテレビ（CATV）回線，無線（FWA）など
の高速で伝送するブロードバンドが広く利用されている。その結果，映
画やテレビ映像などの大容量データが短時間でダウンロードできるよう
になり，インターネットの利用形態は画期的に変化し，**IP 電話（インター
ネット電話）** の利用も増加している。

IP電話（インターネット電話）

　インターネットが生み出した電子メールや Web ブラウザなどの技術
は，企業内の情報システムにも適用することができる。WWW サーバ
を社内に置いて，社内に限った狭いインターネットの世界を作ることが
できる。これは，インターネット技術を使った社内ネットワークであり，
イントラネット（イントラは内部という意味）と呼ばれる。

イントラネット

　イントラネットは，社外のネットワークにもインターネットで容易に
接続できる。また，インターネットのように不特定多数の企業や人とつ
ながるのではなく，特定の企業どうしだけで狭いインターネットを作る
ことができ，これを**エクストラネット**（エクストラは外部という意味）
という。

エクストラネット

　企業などが独自に設けるネットワークが**プライベートネットワーク**で
ある。従来は専用回線によって開設することが多かったが，現在では経
費節減のため，インターネットの中に仮想的にプライベートネットワー
クを構築する IP-VPN が多くなっている。IP-VPN を利用することに
より，遠隔地のネットワークどうしを LAN 同様に運用することができる。

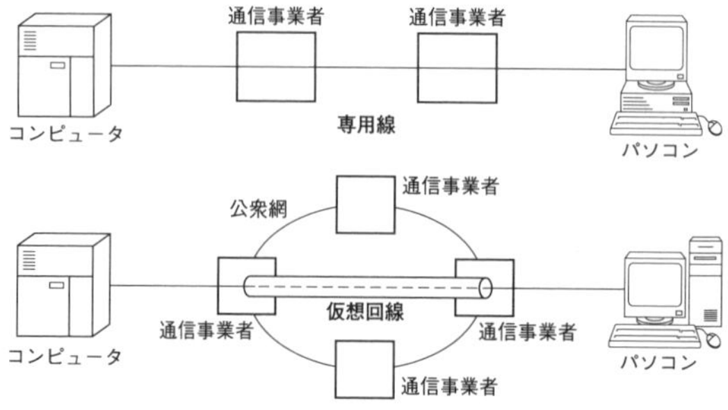

図表 6.1　専用線と IP-VPN

3　記録メディアの発達

　情報を伝達したり，記録したり，表現するためには，橋渡しするための媒体（メディア）が必要になる。情報を人々に伝えるための**情報メディア**（新聞，ラジオ，テレビ，Web サイト，電子メールなど），情報を表現するための**表現メディア**（文字，記号，画像，音声など）とともに，情報を物理的に伝達する**伝達メディア**がある。

　伝達メディアには，光，電線，電波などの**通信メディア**と，ディスクやテープなどの**記録メディア**がある。コンピュータ用記録メディアとして，昔はカードや紙テープなどが用いられ，その後，磁気テープやフロッピーディスクのような磁気ディスクが登場した。現在では，CD や DVD のような光ディスク，フラッシュメモリのような半導体などが用いられ，大量の情報が記録できるようになっている。

情報メディア

表現メディア
伝達メディア

通信メディア
記録メディア

4　人にやさしい情報技術

　従来の情報技術は，高齢者や障害者など社会的に弱い立場にある人々に対する配慮に欠けていた側面があった。社会全体が**バリアフリー**という価値観に基づき，高齢者や障害者が利用するにあたって支障がないように，住宅や地域社会にバリアフリーの仕組みが導入されている中で，情報技術の社会的存在意義が問われるようになっている。

バリアフリー

　情報格差の解消のため，地域，年齢，所得などの違いにかかわらず，すべての人々が等しく情報通信システムを利用できる**ユニバーサルアクセス**実現のための環境整備が行われている。一方で，日常生活に使われる各種製品を，すべての人が当たり前に取り扱える**ユニバーサルデザイン**の考え方も登場した。

ユニバーサルアクセス

ユニバーサルデザイン

　情報通信機器もその対象となり，左右の利き手の違いや，障害の有無，老若男女といった差異を問わずに，あらゆる人が利用できるような設計が試みられるようになった。たとえば，パソコンには肢体障害者や視覚障害者にも使いやすい入力補助装置や，画面の内容を音声で伝える音声出力装置が備えられるようになった。このような試みは，**情報バリアフリー**の社会を生み出していくであろう。

情報バリアフリー

5　新しい技術

　近年，情報通信技術の発達は目覚ましく，さまざまな分野で新しい技術が生まれてきている。

　人工知能（AI）は，人間の知的能力，とりわけ推論や判断，意思決定のプロセスを模したシステムで，AI 自らの経験をもとに継続的な学習を行う点で，一般的なシステムとは異なっている。学習の方法の 1 つに，大量のデータを解析し，そこに規則性や関係性を見つけ出す**機械学習**がある。また，機械学習の手法の 1 つに，**ディープラーニング（深**

機械学習
ディープラーニング（深層学習）

層学習）がある。機械学習が規則性や関係性を見つけ出すためには，ど
のデータを比較すればよいのか，また，何に着目すればよいのかといっ
たことを設定する必要があるが，ディープラーニングは，データを解析
することで，比較するデータの組合せなどを自ら見つけ出すことができ
る。たとえば，「赤い花」と「黄色い花」を見分けるシステムの場合，「色」
に着目して判別する必要があるが，機械学習の場合は「色に着目する」
という設定を人間が行う必要があるのに対し，ディープラーニングの場
合は「色に着目する」ということを自動的に見つけ出すという点に違い
がある。ディープラーニングは，言語で特徴を定義することが難しい場
合に効果を発揮する。画像解析による病気の診断，自動走行システム，
ノイズの解析による機械の不調等の診断など，さまざまな活用場面が期
待されている。

　IoT は「モノのインターネット」のことで，あらゆる物がインターネット
に接続され，クラウドサービスやサーバなどに送られたデータを分析
したり，連携させたりして新たな価値を生み出すというものである。た
とえば，住民の好みに合わせて自動で室温を調節したり，住宅内のスイッ
チをスマートフォンで操作できたり，高齢者や歩行困難者が道に迷った
り倒れたりしたときに，杖から家族や支援者などに位置情報などを伝え
たりすることができる。

IoT (Internet of Things)

　IoT によって収集されたセンサ情報や気象情報，道路情報，個人の購
買履歴など，さまざまなデータの集合体は**ビッグデータ**となる。このビッ
グデータを解析することで，個人の好みに合った商品やサービスの提案，
交通渋滞や観光地等の混雑状況の予測，予防医療，犯罪対策などさまざ
まなことができるようになる。

ビッグデータ

　ウェアラブルコンピュータは着用できるコンピュータのことで，ウェ
アラブルデバイスとも呼ばれる。現在でもヘッドマウントディスプレイ
や腕時計型，メガネ型，ペンダント型などの製品が登場している。メー
ルの着信を知らせたり，身体の活動量や心拍数などを記録したり，ヘッ
ドマウントディスプレイによって仮想現実（**VR**）等を用いたゲームを
楽しんだり，メガネ型のデバイスと拡張現実（**AR**）を組み合わせて視
覚障害者が介助者なしで歩行できたりといった使い方が登場してきてい
る。

ウェアラブルコンピュータ

VR (Virtual Reality)：仮想
現実
AR (Augmented Reality)：
拡張現実

　VR は，視覚を中心にほかの感覚も活用しながら，ディスプレイに映
し出された仮想世界に自分が入り込んだような体験ができる技術である。
たとえば，自宅にいながら教室で授業を受けているようになったり，ゲー
ムの世界に入り込んで戦ったりする感覚を得ることができる。

　AR は，現実世界に CG などで作ったディジタル情報を加え，現実世

界の中に仮想現実が加わったかのような体験ができる技術である。たとえば，聴覚障害者が銀行などの窓口でスマートフォンをかざすことで，そこにいない手話通訳者の手話を見て説明を受けたり，近所の公園や歩道にゲームのキャラクタがいて，それを捕まえたりすることができる。

2 社会の中のコンピュータシステム

1 コンピュータシステムとは

　私たちの社会の中で，コンピュータは必要不可欠なものになり，コンピュータをつないだネットワークが普及した。コンピュータとネットワークは，科学技術分野からビジネス分野までの広い範囲で大きな役割を果たし，社会基盤（インフラ）になっている。

　このようなコンピュータをある目的のために利用している形態をコンピュータシステムという。厳密な意味は異なるが，情報処理システムや情報システムという場合もある。システムとは，ある目的を達成するために，いくつかの構成要素を有機的な関連をもって組み立てた構造体のことである。

2 いろいろなコンピュータシステム

　私たちの生活に役立っているコンピュータシステムのいくつかを取り上げ，その役割と特徴について考えてみる。

1 座席予約システム

座席予約システム

　新幹線や航空機，劇場などの座席を予約するシステムである。JRの「みどりの窓口」などの専用端末装置や自宅などのパソコンから希望の列車番号などを入力して，空き状況を確認し，予約することができる。

2 銀行窓口システム

銀行窓口システム

ATM

タッチパネル

　銀行への預入れや引出し，振込などの手続きを，預金者自身が**ATM**（現金自動預払機）の**タッチパネル**で操作するシステムである。社会の基幹システムとして重要な役割を担っている。

3 気象予報システム

気象予報システム

　天気予報や台風の進路予測など，気象に関する情報を提供するためのシステムである。「アメダス（地域気象観測システム）」や「ひまわり（気象衛星）」，気象データ編集中継システム，数値予報システムなどが統合されている。

4 カーナビゲーションシステム

カーナビゲーションシステム

　自動車内に設置したディスプレイに，自動車の位置情報や電子地図情報，交通情報などを組み合わせて表示したり，音声などで案内を行った

りすることで，目的地まで誘導するシステムである。

⑤ 全地球測位システム（GPS）

カーナビゲーションシステムやスマートフォンなどの位置測定に広く使われている。上空 21,000 km の軌道上を周回する衛星（最低 3 個，通常は 4 個以上）からの電波を受信し，2 次元の位置情報（緯度・経度）や 3 次元の位置情報（緯度・経度・標高）を測定する。

⑥ 自動料金収受システム（ETC）

高速道路などで自動車が料金所を通過するときに，ゲートと車載コンピュータの間で交信して自動的に料金の支払い手続きを行うシステムである。**ノンストップ自動料金収受システム**ともいう。

⑦ 地理情報システム（GIS）

ディジタル化した地図に人口や建物のデータ，道路交通量などを組み込んだシステムである。地図上の地点を指定すると，その地点に関するデータが表示され，出店戦略や販売促進の指針を決定するのに使われる。

⑧ 道路交通情報通信システム（VICS）

道路上に設置したビーコンや FM 多重放送を使って，渋滞や事故，交通規制などの交通情報を自動車に伝送する。車内にいながら，リアルタイムに渋滞情報や規制情報といった道路交通情報を知ることができる。

⑨ 高度道路交通システム（ITS）

最先端の情報通信技術を用いて，交通渋滞，交通事故，環境悪化などの道路交通問題の解決をはかるシステムである。GPS や ETC，VICS などから構成されている。また，ITS を活用して自動走行システムを実現しようとする動きもある。

GPS (Global Positioning System)

ETC (Electronic Toll Collection)

GIS (Geographic Information System)

VICS (Vehicle Information and Communication System)

ITS (Intelligent Transport Systems)

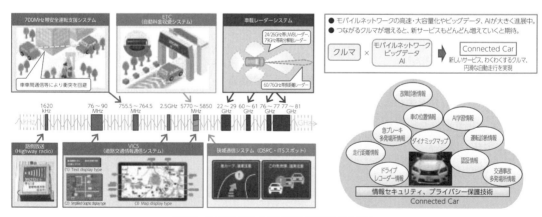

〈出典〉総務省「平成 29 年版 情報通信白書」
（総務省 Web サイト　https://www.soumu.go.jp/johotsusintokei/whitepaper/ja/h29/html/nc273210.html）
図表 6.2　自動走行システムの実現に向けた取組み

3 | 生活の変化

1 個人生活におけるインターネットの利用

　個人によるインターネットの利用目的や利用形態は多様化し，生活のさまざまな場面で使われるようになってきている。

　図表 6.3 に示すように，インターネットの利用目的で最も多いのは電子メールの送受信で，他に天気予報や地図・交通情報の利用，SNS の利用や無料通話アプリなどの利用，動画投稿・共有サイトの利用，オンラインショッピングや金融取引，オンラインゲームや映画などのオンデマンド配信サービスの利用など多岐にわたっている。

　電子メールは，インターネットが一般的に利用されるようになった当初から利用されているが，現在ではメーラを用いた送受信だけでなく，Web メールによるメールサービスなども一般化している。また，電子メールと同様にテキストによるメッセージの送受信には，スマートフォン等に割り当てられた電話番号を使った **SMS**，**IM** なども利用されている。

SMS（Short Message Service）
IM（Instant Messenger）

　天気予報や地図・交通情報は，GPS 測位を用いることで現在地に合わせた情報を得られるようになった。また，米グーグル社の「ストリートビュー」に代表される道路周辺映像サービスを使って道案内を表示させるなどの利用形態も登場している。

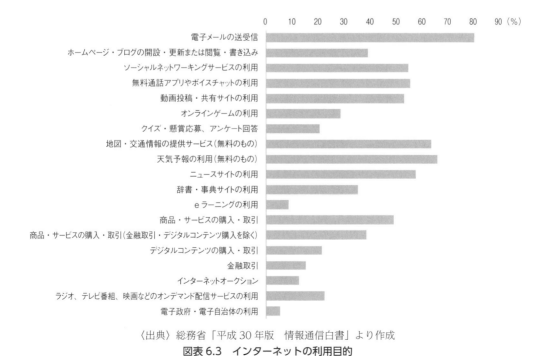

〈出典〉総務省「平成 30 年版　情報通信白書」より作成
図表 6.3　インターネットの利用目的

SNSとは，利用者がインターネット上で情報を発信し，利用者どうしのつながりを形成していくサービスで，SNS以外にもブログや写真投稿サイト，動画共有サイトなども同じ種類のサービスである。自ら積極的に情報発信する利用者よりも，他の人の書き込みや発言等を閲覧している利用者のほうが多い。

　無料通話は，さまざまな無料通話アプリが提供されており，なかには無料通話を使った英会話レッスンのサービスなども登場している。ボイスチャットは複数人での通話が可能なサービスで，IMの付加機能としてのサービス，IP電話を用いたサービスがある。パソコンだけでなく家庭用ゲーム機を介した通話などもできる。ボイスチャットに，Webカメラによるリアルタイムの画像伝送機能を実装したものが，ビデオチャットである。

　オンラインショッピングは，従来からある企業と消費者との取引を，インターネットを介して行う形態であるが，生鮮食品などを注文した当日や翌日に配達するネットスーパーも登場してきた。

　インターネットオークションは，これまではごく狭い範囲で小規模に行われていた消費者間取引が，インターネットを介することで広く大規模に行われるようになったものである。近年ではオークションではなく，提示された価格での売買や値引き交渉をした上での売買ができるWebサイト（フリマサイト）や，フリマサイトにアクセスするためのアプリ（フリマアプリ）を介した取引も登場している。さらに，物品だけでなく，個人の持つ技能を売買するサービスも登場してきている。

　銀行の提供するWebサイトやアプリを通じて口座の残高照会や振込，振替などの操作を行うことができるサービスをインターネットバンキングという。近年では政府が**キャッシュレス決済**を推進しており，従来のクレジットカード決済などに加えて，消費者が二次元バーコードやQRコードを提示することで決済ができるサービスや，店舗が提示するQRコードを消費者側の端末で読み取って金額を入力して決済するサービスなどが出てきている。

キャッシュレス決済

　オンラインゲームは，インターネットを介して専用のサーバや他の利用者と接続し，リアルタイムで同じゲームを進行させることのできるゲームである。SNS上で提供されるものはソーシャルゲーム，ストリーミング配信されるものはクラウドゲームなど，さまざまな種類のオンラインゲームが提供されている。

　映画やテレビ番組の**オンデマンド配信サービス（VOD）**は，見たいときに見たい映画やテレビ番組などを視聴できるサービスで，インターネットのブロードバンド化により，大容量データを短時間で転送できる

オンデマンド配信サービス
VOD (Video On Demand)

ようになったことから可能となった。

　また，地上ディジタルテレビ放送が開始され，高画質・高音質・多チャンネルのサービスが提供されるようになった。移動通信機器向けに配信される地上ディジタルテレビ放送であるワンセグのサービスも提供されており，カーナビゲーションシステムなどを使ってテレビ放送を視聴することもできるようになった。

　このようにインターネットを利用する目的は多岐にわたっており，今後は IoT との融合により，さらに生活の利便性が向上していくと考えられる。

2 多様化する利用端末

　インターネット利用時の端末別インターネット利用率は，図表 6.4 に示すように，スマートフォンが最も高く，2017 年に初めてパソコンの利用率を上回った。他にタブレット型端末，家庭用ゲーム機，インターネット接続できるテレビなども利用されており，携帯電話については 1 割を切っている。

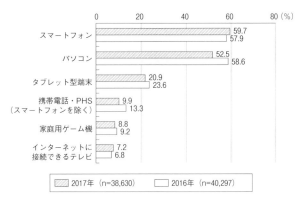

※当該端末を用いて過去 1 年間にインターネットを利用したことのある人の比率
〈出典〉総務省「平成 30 年版　情報通信白書」
（総務省 Web サイト　https://www.soumu.go.jp/johotsusintokei/whitepaper/ja/h30/html/nd252120.html）

図表 6.4　インターネット利用端末の種類

　スマートフォンは，電話回線を使った通話だけでなく，さまざまな用途に利用されている。現在ではさまざまなアプリが提供されており，電子メールやアドレス管理，スケジュール管理，天気予報やニュースの閲覧，インターネットバンキング，株の売買，オンラインショッピング，e-ラーニング，SNS，無料通話，音楽や動画の再生や共有，ゲームなどに使われている。スマートフォンにはカメラが内蔵されており，静止画や動画を簡単に撮影することができ，それをメールなどで送受信したり，SNS や写真投稿サイト，動画共有サイトなどに投稿したりすることができる。

　パソコンは，デスクトップ型パソコンとノート型パソコンとがある。

2018年のノート型パソコンの出荷台数は，デスクトップ型パソコンの約3.3倍となっており，デスクトップ型パソコンに比べて携帯性が高く，タブレット型端末に比べて操作性が高く記憶容量が多いノート型パソコンは高い需要があると考えられる。

タブレット型端末は，スマートフォンと同様にディスプレイをタッチして操作する機器で，スマートフォン用に提供されているアプリを用いることができる。スマートフォンに比べてディスプレイが大きいものが多く，Webサイトの閲覧では表示される情報量が多く，動画の視聴やゲームなどではより臨場感がある。また，スマートフォン同様，携帯電話会社との契約があれば無線LANなどのネットワーク環境がなくてもインターネットに接続することができる。これまでは電話回線での音声通話ができない点がスマートフォンとの違いであったが，近年では電話のできる機種も登場してきている。また，タブレット型端末はキーボードがないため，パソコンに比べて携帯性が高いが，ビジネスソフトウェア等の操作性は低く，またパソコンに比べると記憶容量が少ない。

家庭用ゲーム機やテレビもインターネットに接続できる機能が搭載されたものが登場し，家庭用ゲーム機を使ってボイスチャットをしたり，テレビを見ながらクイズ番組への参加や，通販番組で紹介されている商品の注文をその場で行ったりすることができる。

■3 公共サービスの変化

公共サービスとして，官公庁や地方自治体，公共機関などがWebサイトでさまざまな情報を発信している。地方自治体では，Webサイトで観光や物産，イベントなどの情報を紹介したり，行政に関する意見交換や議論の場として利用している。

一方，住民はWebサイトを閲覧して行政の情報を得たり，電子メールなどで意見を述べたりすることができる。行政手続きの申請や届出，納税などもインターネットを介してできるようになった。このような自治体の情報化の取組みを**電子自治体**，政府レベルでの行政の諸業務を電子情報を用いて行うことを**電子政府**と呼んでいる。さらに，2016年から**マイナンバー制度**が始まり，マイナンバーを社会保障，税，災害対策の分野で，複数の機関に存在する個人の情報が同一人の情報であることを確認するために活用されることになった。それにより，従来は行政機関に対する申請手続きごとに必要だった添付書類が減り，利用者側の手続きも，行政側の事務処理もスムーズになった。このように，複数の行政機関にまたがっていた行政手続きを，一度にまとめて行うことができるような状況を**ワンストップサービス**という。また，マイナンバーなどを活用して市民の認証を行うことで，いずれは電子投票などもできるよ

電子自治体

電子政府

マイナンバー制度（行政手続きにおける特定の個人を識別するための番号の利用等に関する法律による制度）

うになる可能性もある。電子投票だけでなく，行政に関する意見交換や
パブリックコメントなど政治への市民参加がインターネットによって深
まっていくことも期待されており，そのようなプロセスを**ディジタルデ
モクラシー**と呼ぶ。

ディジタルデモクラシー

　対面でしか行えなかった医療や教育の分野でも，インターネットを通
じて遠隔地から同様のサービスが受けられるようになった。**テレビ会議
システム**や遠隔操作が可能な医療機器を活用して，遠隔地で診断や医療
支援を行うのが**遠隔医療**である。専門医がいない地域でも，診療や治療
が受けられるようになりつつある。また，広域災害・救急医療情報シス
テムにより，災害時には地域の医療機関，消防機関，保健所，市町村な
どを結び，被災地の医療機関の状況，全国の医療機関の支援状況などを
全国から把握することができるようになった。さらに，今後は医療等
IDにより，個人の病歴や治療・検査履歴などの医療情報を医療機関同
士で情報共有できるようになるとされている。

テレビ会議システム

遠隔医療

　インターネットを利用した教育システムが数多く開発され，パソコン
やスマートフォンで学習することが可能になった。このような学習形態
を**e-ラーニング**といい，学校に行かずに学ぶ**在宅学習**も可能になって
いる。必要な学習内容だけを受講でき，遠隔地の教員と学生がやり取り
できること，動画や音声を利用した学習教材の利用が容易であることな
どが特徴である。

e-ラーニング
在宅学習

4 ビジネスシステムの変化

1 商取引の変化

　ネットワークを介して，商品やサービスを取引きする**電子商取引**（**エ**
レクトロニックコマース，e-コマース，EC）が，新たな商取引の形態
を生み出している。企業どうしの取引を行う**BtoB**，企業と消費者間の
取引を行う**BtoC**，消費者どうしの取引を行う**CtoC**に分類される。

　BtoBでは，企業どうしが原材料の調達や製品の受発注などをネット
ワーク上で行い，コストを削減することができる。インターネットの
ショッピングサイトなどで買い物をするオンラインショッピングは
BtoCの例，インターネットを介して消費者が売りたい品物を競売にか
ける**インターネットオークション**やフリマサイトはCtoCの例である。

　電子商取引の支払いの仕組みに，クレジットカードによる決済や**電子**
マネーによる決済などがある。電子マネーは，ICカードやパソコン，
携帯電話にあらかじめ現金や預金と引換えにチャージしておき，通常の
貨幣と同じようにネットワーク内で流通する電子的な貨幣である。最近
では，スマートフォンを用いたキャッシュレス決済も行われるように
なってきている。

　電子商取引では，物流の管理や決済などのすべてを電子的に行い，究
極のコスト削減を目指している。インターネットで書籍の注文をとり，
取引コストを限りなくゼロに近づけて業績を伸ばすというビジネスモデ
ルがその例である。

　また，インターネットを使った電子商取引では，製品の情報をWeb
ページや電子メールで配信して，世界中と電子的な取引を行うことがで
き，従来のように製品を作って買い手を待つ形態とは，大きく異なる。

2 企業と情報処理システム

　企業の情報処理システムの形態は1990年代以降，**集中処理方式**から
分散処理方式に転換した。集中処理方式は，汎用コンピュータを中核に
利用部門（エンドユーザ）に端末装置を配置して，プログラムの実行や
データの処理を汎用コンピュータに集中させる形態である。

　分散処理方式では，利用部門に配置されたクライアントと呼ぶパソコ
ンで比較的簡単なデータ処理を行い，サーバと呼ぶコンピュータでより
複雑なデータ処理を行い，クライアントにデータを提供する。クライア
ントとサーバが常に連携しながら，プログラムの実行とデータの処理を
分散して行っている。これを**クライアントサーバシステム**と呼んでいる。

　クライアントサーバシステムによる分散処理によって，企業の情報処

電子商取引（エレクトロニックコマース，e-コマース，EC）

BtoB（Business to Business）

BtoC（Business to Consumer）

CtoC（Consumer to Consumer）

インターネットオークション

電子マネー

集中処理方式

分散処理方式

クライアントサーバシステム

理システムは，基幹系システムと情報系システムの2つに分けられた。基幹系システムは，定型業務である販売管理や生産管理など，基本業務を処理し，情報系システムでは，経営分析や経営戦略などの経営管理にかかわるものを処理する。表計算や文書作成などの非定型業務も情報系システムに含まれる。

さらに，インターネット上に点在するサーバ群が提供するリソースを必要に応じて利用する**クラウドコンピューティング**を活用する企業も多い。クラウドコンピューティングで利用できるサービスには，インフラ機能を利用する **PaaS** やアプリケーションソフトウェアの機能を利用する **SaaS** などがある。クラウドコンピューティングのサービスを利用することで，企業はハードウェア・ソフトウェア双方のリソースを所有せずに済み，設備投資のコストや運用にかかる労力とコストを抑えることができる。

PaaS (Platform as a Service)
SaaS (Software as a Service)

3 企業における情報通信技術（ICT）の活用

1 ICT の生産システムへの活用

企業の生産システムでは，コンピュータによって，製品などの設計図を作成するコンピュータ支援設計（**CAD**）や，CAD によって作成された図面データに基づいて製造工程の自動化をはかるコンピュータ支援製造（**CAM**），設計段階でシミュレーションによって製品の機能などを解析し，設計作業を支援するコンピュータ支援エンジニアリング（**CAE**）が重要になった。CAD の利用は，設計図の作成・編集が容易であるだけでなく，過去のデータの再利用が可能なので，設計作業の効率化がはかれる。また，3DCAD が普及したことで，早い段階で3次元モデルを作ることができ，その後の工程では設計者が3次元モデルを元に設計を分業したり，生産性に関する要望を早期に製品へ反映しやすくなったりもする。このように，設計と生産性検討を同時平行することを**コンカレントエンジニアリング**と呼ぶ。

CAD (Computer Aided Design)
CAM (Computer Aided Manufacturing)
CAE (Computer Aided Engineering)

コンカレントエンジニアリング

一方，電子データ交換（**EDI**）が1980年代後半から企業間の取引で行われるようになった。EDI は，帳票や伝票などにより行われていた取引をコンピュータネットワークを使って，ペーパーレス化していくことを目指したものである。

EDI (Electronic Data Interchange)

またニーズの多様化により，製品の多品種化が進み，多くの製造業は販売部門のデータベースの動きをみながら生産することで，在庫の圧縮をはかろうとした。これは生産システムと販売システムを統合したもので，**CIM**（コンピュータによる統合生産）という。また，ニーズの多様化を機能に反映させる上流設計が注目されており，シミュレーションモデルを使って事前評価し，その評価を取り入れた手法であるモデルベー

CIM (Computer Integrated Manufacturing)

ス開発（MBD），シミュレーションモデルによる事前評価をシステムの要求分析・設計などに生かすモデルベースシステムズエンジニアリング（MBSE）なども注目されている。

CIM は，さらに部品や資材の調達のための電子発注システム（EOS）と合体し，販売に合わせた生産や調達を行うようになる。EOS は，受発注業務に EDI を適用したものである。さらに，設計，生産計画，物流，会計，経営管理システムまでを統合し，製造業のトータルシステムとなる。これが CALS である。

また，ICT によって消費者ニーズが多様化したことで，製造業における製品の生産方式にも多大な影響があった。その一例として，**セル生産方式**がある。セル生産方式とは，1 人かごく少数の作業者チームで製品の組み立て工程を完成または検査まで行う方式のことである。従来のライン生産方式では生産品目の切り替えに労力を要し，少品種大量生産でないと生産効率が悪いが，セル生産方式では，多品種少量生産ができ，在庫を多く持たずに済むなどの利点がある。在庫を減らして生産活動を行う方法には**ジャストインタイム（JIT）生産方式**がある。これは，「必要なものを，必要なときに，必要なだけ」作るというものである。不要な在庫を持たず，消費者のニーズに合わせて生産することができるなどの利点がある。JIT 生産方式を実現する手段の 1 つに，**ロット生産方式**がある。ロット生産とは，ある製品を 1 つのかたまりととらえ，そのかたまりごとに生産する方式のことで，このかたまりのことをロットという。ある製品を連続して生産する連続生産に比べ，ロットごとに製造することで効率化がはかれ，コストも削減することができる。

さらに，近年では，IoT や **CPS** によって膨大なセンサ群からとだえることなく収集されるデータを活用し，それらのビッグデータを解析することで新たな製品作りに生かす動きもある。

② ICT の販売管理への活用

ICT は，電子商取引などの新しいビジネスモデルを創り出すとともに，販売管理などを効率化することに対する期待も大きい。販売管理にICT を活用した例に，コンビニエンスストアなどの **POS システム**がある。商品についている**バーコード**などをレジスターで読み取り，商品の販売情報をリアルタイムに把握するシステムである。POS システムで顧客の購買行動を徹底的に分析し，曜日や時間帯ごとに品揃えを変えて売上げを伸ばした顧客主導型のビジネスモデルも存在する。

また，クラウドコンピューティングを活用し，遠隔地からリアルタイムでの在庫管理を行うことができたり，現在庫数での管理だけでなく，内示や見込みから将来の在庫切れを予測したりすることもできる。

MBD（Model Based Development）

MBSE（Model Based Systems Engineering）
EOS（Electronic Ordering System）

CALS（Continuous Acquisition and Lifecycle Support）：過去に Commerce at Light Speed の字句が当てられた時期もあった

JIT（Just In Time）**生産方式**

ロット生産方式

CPS（Cyber Physical System）：サイバーフィジカルシステム

POS（Point Of Sales）
バーコード

さらに，最近では決済方法も多様化し，従来からあるクレジットカードやデビットカード，プリペイドカードなどに加えて**スマホ決済**などキャッシュレス決済ができるようになった。スマホ決済では，スマートフォンの利用代金とまとめて支払いができる方法，スマートフォンに登録したクレジットカードの情報を小型のカードリーダにかざすことでクレジットカード決済ができる方法がある。

ICチップとアンテナから構成された**電子タグ（無線ICタグ）**は，接触させることなく，ICチップに格納された識別データなどの読み書きを可能にする。超小型化してあらゆるものに添付でき，インターネットを活用すると場所を問わず利用できるため，在庫管理や検品，食品のトレーサビリティなどの生産・流通管理への活用が期待されている。

食品の**トレーサビリティ**は，電子タグの付いた食品をスーパーの店頭に設置されたリーダーなどにかざすことにより，生産者名や使用農薬，出荷時期などを確認することのできるサービスである。

③ ICT と就業形態

インターネットの普及により，勤労者の就業形態にも変化が生じている。ICTを活用した，場所と時間にとらわれないワークスタイルを**テレワーク**という。本社から離れた近郊の事務所に出勤して仕事をする**サテライトオフィス勤務**や，自宅にいながら仕事をする**在宅勤務**，スマートフォンやタブレット型端末などを利用して移動先でも仕事をする**モバイルワーク**などの形態である。テレワークには，オフィスワークの生産性を向上させるという効果と，育児や介護を行う労働者が仕事と家庭を両立させる就労の促進など働き方改革の一環，大都市圏への一極集中の緩和などの効果が期待されている。

同じようにICTを利用して，小さな事務所（Small Office）や自宅（Home Office）で事業を起こすことを**SOHO**という。小規模ではあるが，コンピュータネットワークを活用して，大企業に引けをとらない高い生産性を実現している事業者も存在する。

また，近年では，事務所や会議室などのスペースを共有しながら独立した仕事を行う**コワーキング**という働き方も登場し，コスト削減などのメリットに加えて，価値観を共有する利用者どうしのつながりを形成できたり，他分野の利用者と刺激し合うことで仕事上での相乗効果が期待できたりといったメリットもあるとされている。

こうした働き方を可能にしているのは，携帯できるノート型パソコンやスマートフォン，タブレット型端末などの小型化，軽量化，高機能化などと，Wi-Fiのアクセスポイントがあらゆる場所に設置されるようになってインターネットに接続できる環境が整ったことによる。携帯で

スマホ決済

電子タグ（無線ICタグ）

トレーサビリティ

テレワーク
サテライトオフィス勤務
在宅勤務
モバイルワーク

SOHO（Small Office Home Office）

コワーキング

きる端末を使って，移動中や出先などでコンピュータを利用することを
モバイルコンピューティングという。

5 超スマート社会（Society5.0）に向けて

1 超スマート社会（Society5.0）とは

超スマート社会（Society5.0）とは，これまでの社会のあり方とは異
なる，新しい社会を指す。狩猟社会（Society1.0），農耕社会（Soci-
ety2.0），工業社会（Society3.0），情報社会（Society4.0）に続く，新
たな社会という意味でSociety5.0と呼ぶ。2016年に策定された第5
期科学技術基本計画において，わが国が目指すべき未来社会のあり方と
して提唱された。

これまでの情報社会（Society4.0）では，人がクラウド上にあるデー
タベースにインターネットを介してアクセスし，そこから必要な情報や
データを入手し，分析を行ってきた。そのため，知識や情報が共有され
ず，分野横断的な連携が不十分であるという問題があった。また，ディ
ジタルデバイドの問題もあり，必要な情報にアクセスできる人とできな
い人とで利用できるサービスに格差が生じているなどの問題もあった。

しかし，超スマート社会（Society5.0）では，IoTによって膨大なセ
ンサ群から常にデータが収集され，それらビッグデータがAIによって
解析され，その結果が人にフィードバックされることで新たな価値が生

超スマート社会
Society5.0

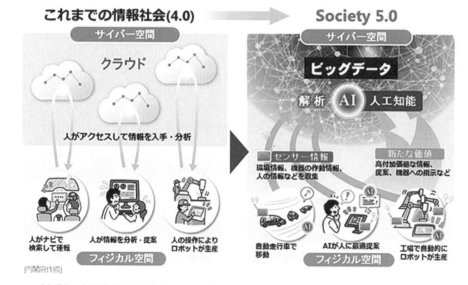

〈出典〉 内閣府Webサイト（https://www8.cao.go.jp/cstp/society5_0/index.html）
図表6.5　Society5.0とSociety4.0との違い

まれたり，これまで人が行っていた作業や調整を，ロボットの代行・支
援により，日々の煩雑な作業などから解放されたりするようになる。

このようにフィジカル空間（現実空間）にあるさまざまなデータをセ
ンサネットワーク等で収集し，サイバー空間(仮想空間)でAIなどによっ
て分析や知識化を行い，そこで創出された情報によって産業の活性化や CPS
社会問題の解決を図ることをサイバーフィジカルシステム（**CPS**）と
いう。

2　超スマート社会（Society5.0）で実現されること

1 農業

農作物の生育情報や気象情報，市場情報，人々のニーズや流行といっ
たさまざまな情報を AI で解析し，より生産性の高い農業が実現される。
たとえば，ロボットトラクタなどによる農作業の自動化・省力化，ドロー
ンなどによる生育情報の自動収集，ニーズやトレンド予測などによる生
産計画，天候予測などによる作業計画，気象情報や河川情報に基づく水
管理の自動化・最適化，ニーズに合わせた収穫量の設定，販路の拡大な
どができるようになる。また，農産地での人手不足問題の解消，食料の
増産や安定供給，食品ロスの軽減なども可能になる。

2 製造業

人々のニーズ，在庫情報，配送情報といったさまざまな情報を AI で
解析し，より生産性の高いものづくりが実現される。たとえば，ニーズ
に合わせた生産計画や在庫管理，多品種少量生産，AI や産業ロボット
の活用による生産の効率化や省力化，異業種での協調配送などによる物
流の効率化などができるようになる。また，顧客満足度の向上，産業の
競争力強化，人手不足の解消，温室効果ガス排出の低減なども可能にな
る。

3 エネルギー

発電所の稼働状況，家庭での使用状況，気象情報といったさまざまな
情報を AI で解析し，需要予測や気象予測によるエネルギー供給，供給
予測によるオフィスや工場の省エネ計画，家庭での省エネ実行といった
ことができるようになる。また，エネルギーの安定供給，温室効果ガス
排出の低減なども可能になる。

4 交通

自動車からのセンサ情報，道路情報，気象情報，交通情報といったさ
まざまな情報を AI で解析し，自動走行，カーシェアや公共交通の組み
合わせによる移動，ニーズに合わせた観光ルートの提供，天候や混雑状
況を考慮した旅行計画の提案，高齢者や障害者の自律型車椅子での移動
などができるようになる。また，交通機関からの二酸化炭素排出の低減，

地方の活性化，消費の拡大なども可能になる。

⑤ 医療・介護

　個人の過去の医療情報やリアルタイムの計測データ，医療現場の情報，医療・感染情報といったさまざまな情報をAIで解析し，病気の早期発見や健康促進，医療データの共有により場所を問わず最適な治療を受けられる，医療・介護ロボットの支援による負担の軽減，介護ロボットによる生活支援といったことができるようになる。また，医療費や介護費などのコスト削減，医療・介護現場等での人手不足の解消なども可能になる。

⑥ オフィスワーク

　間接・事務部門の業務を，AIやルールエンジンを組み合わせたソフトウェア型ロボットに代行させることで自動化する **RPA** も登場してきている。人間が行う業務を操作画面上から学習し，ブラウザやクラウドなどさまざまなアプリケーションを横断して業務を自動化することで，データ収集や入力，照会応答といったルーチンワークを人に代わって行う。定型業務の多い金融や保険，商社，流通，小売，製造，不動産，行政などの多方面で導入されつつあるが，今後はディープラーニングやデータマイニングなどの技術と組み合わせることで非定型業務の自動化も可能になる。

RPA (Robotic Process Automation/ ロボティック・プロセス・オートメーション)：ロボットによる工程の自動化

6 企業の形態と企業活動

1 企業の形態

　企業は，主に営利を目的として，生産や販売などの活動を行う団体であり，出資者の種類，構成，出資方法によって**公企業，私企業，公私合同企業**に分類される。公企業とは，国や地方公共団体が保有する企業のことで，企業分類で**第1セクター**に分類される。日本では，国有林野事業や国立印刷局，公立病院などが公企業である。公私合同企業とは，国や地方公共団体と民間が共同で出資して経営する企業であり，企業分類で**第3セクター**に分類される。日本銀行やNTTなどがこれにあたる。これ以外が私企業にあたり，民間が出資している企業である。企業分類で**第2セクター**に分類される。また，出資者の人数によって**個人企業，共同企業**にも分類される。

　私企業については，2006年の会社法施行により，**合名会社，合資会社，合同会社，株式会社**の4区分となり，有限会社の設立はできなくなったが，既存の有限会社については**特例有限会社**として存続している。

企業
公企業
私企業
公私合同企業
第1セクター

第3セクター

第2セクター
個人企業
共同企業
合名会社
合資会社
合同会社
株式会社

企業形態	設立時の最低社員構成	出資者の責任	損益配分	最高決議機関
合名会社	無限責任社員のみで1人以上	直接責任	定款で自由に決定できる	出資者全員
合資会社	無限責任社員と有限責任社員ともに1人以上	直接責任	定款で自由に決定できる	出資者全員
合同会社	有限責任社員のみで1人以上	間接責任	定款で自由に決定できる	社員総会
株式会社	有限責任社員のみで1人以上	間接責任	出資額に応じる	株主総会

図表6.6　私企業の形態

2 企業活動

　企業の活動は**企業理念**に則って行われる。企業理念とは，企業の存在意義や価値観，その企業に属する人々の行動規範などを示したもので，企業が活動する際に指針となる基本的な考え方である。その企業は何のために存在するのか，どのような目的で，どのような方法で経営を行うのかなどを明文化している。

　企業は利益を出すことを目的とするため，決算日までの売上や利益を計算（**決算**）し，そこで利益が出るように活動を行う。決算は，一般的には年に2回，4月から9月までを中間決算として，4月から3月までを本決算として行う。決算では，総収入と総支出を示すことで企業の

決算

経営成績がわかる**損益計算書**と，資産と負債を示すことで企業の財政状態がわかる**貸借対照表**の2つが示される。

　また，企業はその活動を行ううえで，利益を追求するだけではなく，利害関係者（ステークホルダ）の利益を害さないように社会的，倫理的な責任を果たすことが求められる。これを**企業の社会的責任（CSR）**という。具体的には，環境への配慮，社会貢献，積極的な情報開示と説明責任，法令遵守，従業員への配慮などがCSRとして行われており，それら活動の状況を環境報告書やサスティナビリティ報告書などで公開する企業も増えてきている。このように，企業を経営していくうえで，透明性を確保し，企業価値を高めるために，近年ではステークホルダによって企業を統制し，監視すべきという考え方に基づき，企業を統治する仕組みを構築する企業が増えてきた。具体的には，取締役と執行役の分離，社外取締役の設置，情報開示，社内規定の明確化などが挙げられる。このような仕組みのことを**コーポレートガバナンス**といい，企業統治とも呼ばれる。特に，情報開示に関しては当時の証券取引法（現在は金融商品取引法）の改正によって有価証券報告書の記載内容が拡充されたこともあり，今では投資家向け広報（**IR**）として，企業が投資家に対して月次データを開示したり，決算発表報告会を開催したりするなどの取組みが行われるようになっている。このように情報を開示することを**ディスクロージャ**という。ディスクロージャにより，企業は投資家だけでなくさまざまなステークホルダの信頼を得ることができる。

　また，企業は企業価値を損なわないためにも，自然災害やテロなどの緊急事態に遭遇した場合でも，さまざまな資産の損害を最小限にとどめつつ，中核となる事業の継続，または早期の復旧を目指す必要がある。そのために，平常時に行うべき活動や緊急時における事業継続のための方法，手段などを計画しておくことが重要である。その計画のことを事業継続計画（**BCP**）という。

　近年，ICT分野ではCSRの一環として地球環境に配慮した取組みを行うようになってきている。具体的には，ICT機器の消費電力や排熱量の削減，リサイクル素材を使った製品の製造，使用済み製品からの資源リサイクル，廃棄過程での有害物質の削減などが挙げられる。これを**グリーンIT**という。さらに，ICTを活用して製造や物流工程における燃料・エネルギー効率の向上や省資源，業務の効率化，紙や磁気媒体の使用量削減，通信ネットワークを活用することによる人の移動の抑制，地球温暖化防止などの環境保護を行うことも意味するようになった。

損益計算書
貸借対照表

CSR（Corporate Social Responsibility）

コーポレートガバナンス

IR（Investors Relations）

ディスクロージャ

BCP（Business Continuity Planning）

7 経営の進め方と戦略

1 経営管理

企業を経営していくためには，経営戦略が重要である。経営戦略とは，企業の中期・長期的な方針や計画，戦略のことである。企業においては取締役と執行役員がおり，執行役員は経営方針を執行することに責任を負う存在である。主な執行役員の種類は，

　　最高経営責任者（**CEO**）

　　最高執行責任者（**COO**）

　　最高財務責任者（**CFO**）

　　最高情報責任者（**CIO**）

である。CEO は執行役のトップに立つ者をいう。経営方針や経営戦略など企業の業務執行における重要な判断を行う。COO は CEO の決定を執行する責任者である。CFO は財務の責任者で，業績予測や資金調達などを行う。CIO は，経営理念に合わせて情報戦略を立案，実行する責任者である。その他に，**CMO**，**CTO** などを置く企業もある。

　経営戦略の達成に向けて，**経営資源**を調達，配分，調整，統制管理する活動を**経営管理**という。狭義には人事，財務，総務などのスタッフ機能のことを指すことが多い。また，経営管理を行う手法の1つとして**PDCA** がある。PDCA は組織全体の経営管理だけでなく，担当業務の改善，製品やサービスの品質の維持向上などを行うためにも利用される。また，業務管理を行う手法として **BPM** や **BPR** がある。BPM は業務全体を個々のプロセスにわけ，プロセスごとに分析・整理することによって問題点を見つけ出し，作業の効率化や統廃合などの改善を行うことをいう。BPR は，業務全体を全面的に見直し，組織の再編を含めた再構築をすることをいう。

　経営資源とは，企業活動に必要な「ヒト・モノ・カネ・情報」を指す。「ヒト」は人材を，「モノ」は設備や原材料，製品などを，「カネ」は資金を，「情報」は知的財産をそれぞれ指している。従来は，「ヒト・モノ・カネ」を経営資源の中核として捉えていたが，近年では特許や実用新案，商標，著作物，さまざまなノウハウなどの知的財産が重視されるようになり，「情報」が重要な経営資源の1つとみなされるようになった。

CEO（Chief Executive Officer）
COO（Chief Operating Officer）
CFO（Chief Financial Officer）
CIO（Chief Information Officer）

CMO（Chief Marketing Officer）：最高営業責任者
CTO（Chief Technology Officer）：最高技術責任者
経営資源
経営管理
PDCA（→ p.181）

BPM（Business Process Management）
BPR（Business Process Re-engineering）

　ピラミッド型の階層構造をもつ組織形態を**階層型組織**という。通常，指揮命令系統は１つで，命令系統や責任権限が明確である反面，各部門間の連携がとりにくく，また階層が多くなった場合には意思決定に時間がかかるなどの問題点がある。

　経理や人事，購買，製造，営業といった職能単位で分割された組織形態を**職能別組織**という。業務に必要な資源，人員を集中して配置できる。

　異なる２つの組織体系に社員が所属し，必要に応じて業務に柔軟に対処する組織形態を**マトリックス組織**という。社員は，同時に複数の組織に属することになるため業務のノウハウなどが共有できる，環境や状況の変化に柔軟に対応できるなどの利点がある反面，１人の社員が複数の命令系統に属することになるため混乱を生じる可能性がある。

　新しいシステムや製品の開発など特定の目的を達成するプロジェクトのために，プロジェクト遂行に必要な能力を持つ人員を各部門から集めて編成する組織形態を**プロジェクト組織**という。プロジェクト完了時にはプロジェクト組織も解散する。

　社内組織を製品や顧客，地域などの単位によって分割し，グループ化した組織形態を**事業部制組織**という。事業部ごとに間接部門を持ち，利益責任とともに権限を与えられる。利益責任が明確であるため，社員のモチベーションの向上を図れる点，また意思決定に時間がかからない点などの利点がある反面，事業部の利益が優先されることで全社的視点が欠けてしまう，経営資源が重複するなどの問題点がある。

　事業部制組織が更に独立性を高めたものを**カンパニー制組織**といい，事業部制と同様，独立採算制をとる社内分社制度の一種を指す。カンパニーは仮想的な会社組織と見なされ，本社がカンパニーに対して資本金を投資し，それに対して利益配当を行う。

　カンパニー制組織と同様，企業内の仮想的な会社組織を**社内ベン**

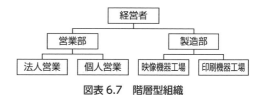

図表 6.7　階層型組織

図表 6.8　職能別組織

図表 6.9　マトリックス組織

図表 6.10　プロジェクト組織

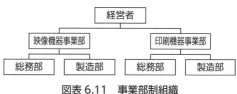

図表 6.11　事業部制組織

図表 6.12　カンパニー制組織

チャーという。カンパニー制組織と異なる点は，少人数の人員で新規の事業を立ち上げることを目的としている点で，事業が成功した場合に子会社として独立することもある。

■3　経営戦略

　企業を経営していくためには，競争優位であることも重要である。競争優位とは，企業が市場において，持続的に競争を優位に進めることができることである。

　戦略を立てるためには，経営環境に対応するための現状分析も必要であり，手法としては **SWOT分析**が代表的である。

SWOT分析

S（Strength）　　　：強み　自社が他社より強いものは何か

W（Weakness）　　 ：弱み　自社が他社より弱いものは何か

O（Opportunity）：機会　どのような環境や条件がビジネスチャンスを生むのか

T（Threat）　　　：脅威　どのような環境や条件がビジネスチャンスを阻害するのか

　強み・弱みが内部要因であり，コンピタンスが自社にあるかを評価する。コンピタンスとは，顧客に対して提供する企業内のスキルや技術の中で，他社を圧倒的に上回るレベルの力や，他社がまねできないその企業ならではの力のことである。機会・脅威が外部要因である。

図表 6.13　SWOT 分析

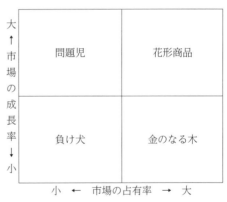

図表 6.14　PPM 分析

　経営資源の配分も重要であり，資本投下する事業と撤退する事業を製品群ごとに検討する手法として，プロダクト・ポートフォリオマネジメント（**PPM**）がある。PPMとは，複数の種類の製品を生産・販売したり，複数の事業を行ったりしている企業が，戦略的視点から，経営資源の配分が効率的・効果的となる製品と事業の組み合わせを決定するための経営分析・管理の手法である。市場成長が高くシェアも大きい「**スター（花形商品）**」，市場占有率が高いが売上げ成長率が低い「**金のなる木**」，市場の成長性が高いにもかかわらずシェアが伸び悩む「**問題児**」，撤退の

PPM（Products Portfolio Management）

花形商品

金のなる木

問題児

7. 経営の進め方と戦略　**161**

対象となる「**負け犬**」に分類し，分析を行う。企業としては「金のなる木」を増やすことにより経営が安定する。

負け犬

　また，販売戦略のひとつに**ロングテール**がある。これは，主にインターネットでの販売において，販売機会の多い売れ筋商品の売上高よりも，販売機会の少ない商品であっても，その種類を多く取りそろえる，あるいはその商品の顧客数を増やすことで，販売機会の少ない商品群の売上高が上回ることをいう。従来の実店舗では空間的な制約があるため，数多くの種類の商品を取りそろえることは難しかったが，インターネット販売であれば実店舗のもつ制約にしばられずに少数多品目を在庫として持つことが可能となる。

ロングテール

4　業務分析と業務計画

　業務をより効果的に改善していくことも重要である。そのためには，業務を把握・分析し，問題点を解決する必要がある。経営における問題点の分析や解決する手法をオペレーションズリサーチ（**OR**）という。また，生産現場やサービスなどの問題点を改善するための手法をインダストリアルエンジニアリング（**IE**）という。

OR（Operations Research）

IE（Industrial Engineering）

1　業務を把握するための手法

　問題となる原因と結果に着目して，それらの関連を矢印で連結して表現する手法を**連関図**という。問題に対する原因をブレーンストーミングなどで出し合い，全体の構造を把握し原因を見つけ出していくものである。発生要因が複雑に絡み合っている問題に対して有効である。

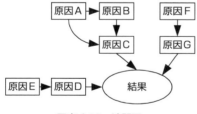

図表 6.15　連関図

　目的と手段に着目し，問題解決の手段を見つけ出すために，目的と手段の連鎖を階層的に表現する手法を**系統図**という。作成された結果より，問題解決への具体的な指針，施策を得ることができる。

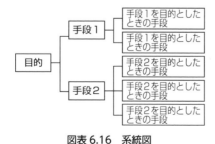

図表 6.16　系統図

KJ法に類似した手法で，言語データを相互の親和性によりグループごとにまとめ，表札を付けて整理や分類を行う手法を**親和図**という。漠然とした問題を整理して，問題点を明確にすることができる。

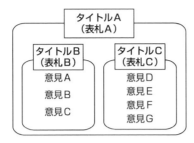

図表 6.17　親和図

分析する要素を行と列の見出しとして2次元の表を作成して，行と列の相互関係を交点に記述し，問題点を整理・分析する手法を**マトリックス図**という。交点に相互関係を記述することにより，問題の所在などを明確にすることができる。

商品番号	項目1	項目2	項目3
商品A	○	○	◎
商品B	△	○	○
商品C	×	△	○
商品D	◎	×	△

◎とても優れている　○優れている
△やや悪い　　　　　×悪い

図表 6.18　マトリックス図

複数のマトリックスデータが数値化できるときに利用される手法を**マトリックスデータ解析**という。数値データを解析して因果関係を分析することができる。例えば図表6.19において，スキル1とスキル2の両平均値を超えているのは，CさんとDさんということがわかる。

受験者	スキル1	スキル2
Aさん	5	8
Bさん	4	6
Cさん	7	6
Dさん	6	7
Eさん	3	4
Fさん	6	4
平均	5.2	5.8

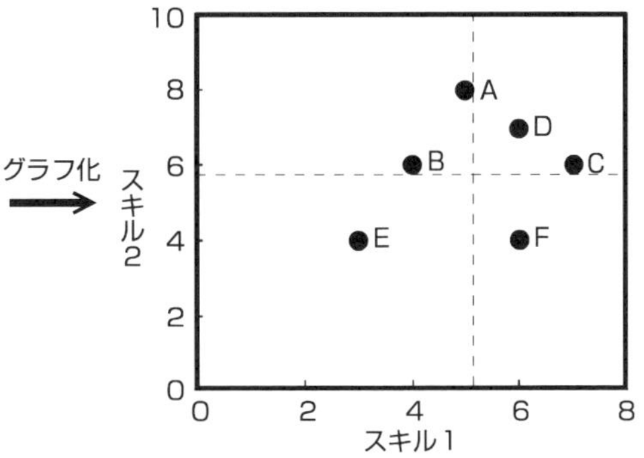

グラフ化 →

図表 6.19　マトリックスデータ解析

2 業務分析を行うための手法

項目ごとに集計したデータを降順に並べた棒グラフと，総合計を100%とした累積値の割合を折れ線グラフで表したものを**パレート図**という。ABC分析に利用されることが多い。ABC分析は，一般的に70%までを占めるグループをAグループ，70~90%をBグループ，90%以上をCグループとして管理する。売上高でグラフを作成した場合には，Aグループは売れ筋の商品，Cグループは売れていない商品というように分類できる。

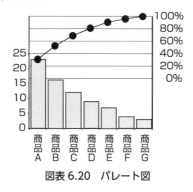

図表6.20　パレート図

データをいくつかの区分に分類して集計し，集計結果を棒グラフで表現したものを**ヒストグラム**という。データを区分けして集計した表は度数分布表という。散布図と同様に，統計処理に利用されることが多い。

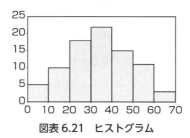

図表6.21　ヒストグラム

2つの特性値を縦軸と横軸にとり，各データをプロットしたグラフを**散布図**という。2つのデータの相互関係を表すことができ，この2つの相互関係のことを相関または相関関係という。

相関関係が正で強い場合には，グラフは右上がりの細い形状となり，

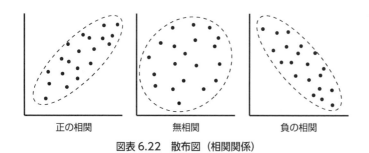

図表6.22　散布図（相関関係）

負の場合は右下がりとなる。この相関関係を直線で表したものが、回帰直線（p.105 参照）であり回帰分析に用いられる。回帰直線は、一次方程式であるため、散布図では出てこない点のデータの予測などができるようになる。

管理する対象の測定値をプロットして作成した折れ線グラフを**管理図**という。物を作成した場合には、どれだけ精度良く作成しても大きさがまったく同じものはできない。そのためある程度の範囲を持たせ、上方の限界と下方の限界を決める。これを上方管理限界と下方管理限界といい、この範囲から外れたものは異常として扱われる。

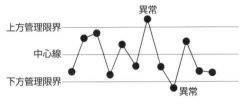

図表 6.23　管理図

業務上の問題となっている特性とそれに関する要因を魚の骨（フィッシュボーン）のような図で表したものを**特性要因図**という。ブレーンストーミングなどにより出た意見などを集計・整理する場合などに用いられる。

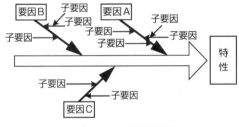

図表 6.24　特性要因図

調査や検査に必要な項目があらかじめ記入されており、それら項目の記録をするためのシートを**チェックシート**という。数を確認するために、正の字を記入したりする記録用のチェックシートや、点検・確認をした項目にレ点などを記入したりする点検用チェックシートなどがある。

数値データを図で表現するときに使用されるものを**グラフ**といい、大小関係を比較するときに利用される**棒**グラフ、全体が 100% となっており各項目の比率を確認するときに利用される**円**グラフ、横軸が時間軸となっており時系列の変化を見るときに利用される**折れ線**グラフ、複数の項目のバランスを確認するときに利用される**レーダーチャート**などがある。

3 業務計画を行うための手法

計画の全過程をフローチャートのように矢印などを用いて順序を図解したものを PDPC という。

作業計画を作成するための手法に**アローダイヤグラム**がある。作業の順序関係を矢印で表し，工程にかかる作業日数などを記入する。最も作業日数のかかる経路をクリティカルパスといい，クリティカルパス上の作業の遅れは全体の日程の遅れとなる。

横方向に時間，縦方向に作業項目など記入し，作業の予定や実績を横棒で表したものを**ガントチャート**といい，スケジュールや進捗状況管理などに利用される。

PDPC (Process Decision Program Chart)

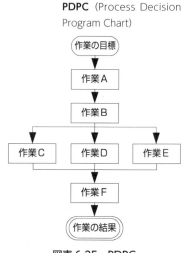

図表 6.25　PDPC

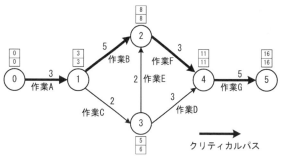

図表 6.26　アローダイヤグラム

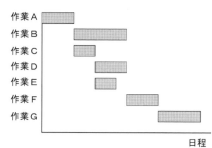

図表 6.27　ガントチャート

5　会計と財務

1 会計の種類

損益の発生を記録・計算・整理することを**会計**といい，その事務作業を財務という。企業での会計は，会計情報の利用目的で分類すると財務会計と管理会計に分けられる。財務会計は，企業の財政状態や経営成績を適正に開示することを目的としており，株主や取引先，税務当局などに報告するための会計である。管理会計は，経営管理者に経営管理や意思決定に役立つ会計情報を提供することを目的としている。

2 売上と利益の関係

企業の経営管理者は，常に売上を意識して経営活動を行っていく必要があり，少ない費用から最大限の利益を得ることを目的としている。

企業が経営活動を行う上で支払う金銭のことを**費用**といい，次のようなものがある。

費用	概要
原価	商品を製造するためにかかった費用や仕入れにかかった元値。
変動費	商品を製造するための材料費や送付の時の送料など，売上高に応じて必要となる費用。
固定費	設備費や人件費など，売上高に関係なく必要となる費用。
販売費および一般管理費	販売業務や一般管理業務などでかかったすべての費用。営業費とも呼ばれる。

図表 6.28　費用

売上から費用を引いたものを**利益**という。

利益	概要
売上総利益	売上から原価を引いたもの。粗利益とも呼ばれる。 売上総利益＝売上－原価
営業利益	売上総利益から販売費及び一般管理費を引いたもの。 営業利益＝売上総利益－販売費及び一般管理費

図表 6.29　利益

売上に対する利益の割合を**利益率**といい，次の式で計算する。

　　売上総利益率＝売上総利益÷売上

　　営業利益率＝営業利益÷売上

売上高＝費用となる点であり，利益・損失ともに 0 となる点のことを**損益分岐点**という。売上高が損益分岐点を上回っていれば利益が得られることになる。

　　売上高＝販売数量×販売単価

　　費用＝固定費＋販売数量×1 つ当たりの変動費

であるため，これを解くと損益分岐点を求めることができる。また，損益分岐点の売上高は，

　　損益分岐点の売上高＝固定費÷（1－（変動費÷売上高））

で求めることもできる。

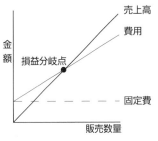

図表 6.30　損益分岐点

③ 財務諸表の種類

財務会計では，貸借対照表や損益計算書などの財務諸表を作成して財務状況を報告する。

貸借対照表は，バランスシート（B/S）とも呼ばれ，借方（左側）は資産，貸方（右側）は負債を記載し，ある時点での企業の財政状況を表すものである。借方と貸方の最終合計の確認も重要である。資産とは現金をはじめとする財産のことであり，現金・有価証券などの流動資産，土地・建物などの有形固定資産，特許・借地権などの無形固定資産，開発費・開業費などの繰延資産などがある。負債とは借入金などのことで，支払手形・買掛金などの流動負債，社債・長期借入金などの固定負債な

バランスシート

どがある。

　損益計算書（P/L）は，一定期間の収益と費用から損益を計算して表したものである。一定期間の資金（キャッシュ）の流れを表したものを**キャッシュフロー計算書**という。

　また，これらの財務諸表は，企業活動が無期限に続くと仮定し，この仮定が成立していることを前提に作成される。この，会社が将来にわたって事業を継続していくという前提のことを**ゴーイングコンサーン**といい，**継続企業の前提**とも呼ばれている。

6　経営マネジメント

1 ビジネス戦略立案と評価のための情報分析手法

　企業を経営していく上では，経営理念を立て目標を明確にすること，また情報分析を行った上で経営戦略を立てることが重要である。

①経営理念 ‥‥‥‥‥‥‥‥‥‥‥‥‥‥‥‥‥‥‥‥‥‥‥‥‥‥‥‥

　企業の社会的な使命，企業の存在意義を**ミッション**という。事業領域や経営方針，経営戦略なども含まれる。

　企業の目指す将来の具体的な姿，長期的な目標を**ビジョン**という。ミッションに基づき，企業活動を通して実現したい目標を定義したものを指し，社員や顧客などに示したものをいう。

②情報分析手法 ‥‥‥‥‥‥‥‥‥‥‥‥‥‥‥‥‥‥‥‥‥‥‥‥‥‥

　財務・顧客・社内業務プロセス・学習と成長の４つの視点をバランスよく組み合わせて業務を展開していく経営戦略を**バランス・スコアカード**（BSC）という。

　経営戦略などを計画的に実行する際，まず，重要目標達成指標（KGI）を定める。KGIとは，企業のビジョンや目標を定量的に捉えるための指標で，「何をもって達成したか」を明確にするために設定される。また，KGIで定めた目標を達成するために必要な各項目を評価するための指標を重要業績評価指標（KPI）という。さらに，その目標を達成する上で決定的な影響を与える要因を主要成功要因（CSF）という。CSFに対して重点的に資源を投じることで効率的に目標を達成しようとする考え方に基づく。

　製品の価値を製品の機能とコストの関係で捉え，価値を向上させる手法を**バリューエンジニアリング**という。価値＝機能÷コストで表し，機能が上がってコストが下がる，あるいはコストが上がってもそれ以上に機能が上がる，機能が下がってもそれ以上にコストが下がる場合に製品の価値が上がるとする。

2 さまざまなソリューション

　企業がビジネスやサービスについて抱えている問題などを解決するこ

ゴーイングコンサーン

継続企業の前提

ミッション

ビジョン

BSC（Balanced Score Card）
KGI（Key Goal Indicator）

KPI（Key Performance Indicator）
CSF（Critical Success Factors）

バリューエンジニアリング

と，その解決のために提供される情報システムをソリューションといい，インターネットを利用したものが多くなってきている。

　これまで企業が自社に設置したコンピュータシステムで利用していたハードウェアやソフトウェアを，提供者側の企業がインターネット経由でサービスとして利用者側の企業に提供する形態を**クラウドサービス**という。利用者側はパソコンやスマートフォン，タブレット型端末などのクライアントとその上で動作する Web ブラウザ，インターネットに接続できる環境を用意することでさまざまなサービスを利用することができる。

クラウドサービス

　ソフトウェアの機能を複数の企業にインターネット経由でサービスとして提供することを **SaaS** という。提供者側の企業が自社のコンピュータにソフトウェアを導入しておき，利用者側はインターネット経由で必要なときに必要なソフトウェアの機能を利用する。利用者側は，使用料を支払うが，ソフトウェア導入時の初期費用やバージョンアップなどの保守管理の手間や費用を負担せずにすむという利点がある。

SaaS（Software as a Service）

　ソフトウェアを実行するための OS や仮想化されたアプリケーションサーバやデータベースなどのプラットフォームを複数の企業にインターネット経由でサービスとして提供することを **PaaS** という。提供者側の企業がプラットフォームを用意し，利用者側はインターネット経由で必要なときに必要なプラットフォームを利用する。利用者側は，ソフトウェアの開発時に，サーバやネットワークの設定など必要な開発プラットフォーム環境の準備にかかる労力やコストを省略でき，また開発後は OS のアップデートなど，プラットフォーム環境のメンテナンスにかかる労力やコストを削減できるという利点がある。

PaaS（Platform as a Service）

　ソフトウェアを実行するための仮想化されたデスクトップや共有ディスクなど，ハードウェアやインフラ機能を，複数の企業にインターネット経由でサービスとして提供することを **IaaS** という。提供者側の企業がハードウェアリソースを用意し，利用者側はインターネット経由で必要なときに必要なハードウェアリソースを利用する。利用者側は，サーバなどハードウェアの設置や，メンテナンスにかかる労力やコストを省略できるという利点があり，**HaaS** と呼ばれることもある。

IaaS（Infrastructure as a Service）

HaaS（Hardware as a Service）

　クラウドサービスとは異なり，企業のサーバを預かり，安定的に運用できるようにさまざまなサービスを提供する施設を**データセンタ**という。具体的には，サーバの設置場所の提供，電力の提供，インターネット接続するための通信回線の提供，温度や湿度の管理，災害対策などのサービスを提供する。これにより，利用者側の企業では自社のサーバでありながら，その設置場所やサーバにとって必要な環境の整備などの労力や

データセンタ

コストを削減することができる。

　大規模なシステムを，サービスの集まりとして構築する設計手法をサービス指向アーキテクチャ（**SOA**）という。ここでいうサービスとは，標準化された手順によって外部から呼び出すことができるソフトウェアの集合を指す。従来のオブジェクト指向プログラミングによるオブジェクトはより小さい部品であり，またシステム内のオブジェクトは同じ開発言語，動作環境であることが多かったが，SOA でのサービスは標準化された手順で呼び出すことができれば，開発言語や動作環境が共通である必要はない。

SOA (Service Oriented Architecture)

　企業が情報システムを導入する際，その企業の目的に応じた企画の提案からハードウェアの選定，システムの開発，運用やメンテナンスまでのサービスを提供することを**システムインテグレーション**という。近年の情報システムは，一部門での大量データの処理といった，枠をはるかに超え企業内の多くの部門を横断的に連携させて一体化することで，業務の効率化をはかったり，新たなサービスを創出したりする。そのため，企業が抱える問題点を把握し，最適な提案ができるシステムインテグレータが必要となっている。

システムインテグレーション

③ 意思決定におけるデータの活用

　企業において実行されるさまざまな活動は，活動に先だって何らかの意思決定が行われている。意思決定を行うためには，さまざまな情報源から得られたデータを多角的に分析する必要がある。

　従来，大量のデータを系統立てて蓄積，保存するデータベースが活用されてきたが，データベースは特定の目的に沿って蓄積されたデータ群であるのに対し，企業内のさまざまなデータを一カ所に蓄積しただけのデータ群を**データウェアハウス**という。データウェアハウスからデータの規則性などを見つけ出すことは難しいため，**データマイニング**などのツールを用いてデータ分析を行い，その結果を企業の意思決定に活用することが行われている。また，利用部門によって必要となるデータや分析内容は異なることが多い。その利用部門が必要とするデータや目的や用途に応じたデータをデータベースやデータウェアハウスから抽出し，利用しやすい形に格納したデータ群を**データマート**という。

データウェアハウス

データマイニング

データマート

　データマイニングとは，大量のデータをさまざまな統計手法で分析することで，データ間の相関関係や傾向，パターンなどの情報を見つけ出す手法をいう。たとえば，購入される商品どうしの関連性や顧客の購買傾向，クレジットカードの不正利用パターンなど企業活動に有益な情報を見つけ出すなどの活用例が挙げられる。

4 その他のビジネス戦略

企業を経営していくうえでは，他企業との関係も重要であり，**アライアンス，アウトソーシング，M&A**なども必要となる場合がある。アライアンスとは，企業間提携のことである。複数の企業が経済的なメリットのために，協力体制を構築することである。アウトソーシングとは，自社の業務や機能の一部を，それを得意とする企業に委託すること，M&Aとは，企業の買収・合併のことである。買収は，他の企業を丸ごと買い取ってしまうことであり，合併は複数の企業が法的に1つの企業になることである。

アライアンス
アウトソーシング
M&A

7 　労働・取引関連法規

1 労働関連法規

企業を経営する上で，労働者の権利や安全に配慮し，労働法などの関連法規を遵守することが，従来にも増して重要になってきているといえる。

①労働基準法 ···

労働基準法

労働基準法は，労働条件に関する労働者の保護を目的として制定された。労働条件の最低基準を定めており，労働契約，賃金，労働時間など多岐にわたる。また，それら労働条件の最低基準が守られるよう，罰則規定をおくことで労働条件を守ることを義務づけている。なお，2019年に改正労働基準法が施行され，時間外労働の罰則付き上限規制，年次有給休暇の取得義務化，フレックスタイム制の清算期間の延長，高度プロフェッショナル制度の創設などが加わった。

項目	内　容
労働契約	契約期間，労働条件の明示，解雇制限，解雇の予告など
賃金	賃金の支払，休業手当，最低賃金など
労働時間	労働時間，変形労働時間，休憩，休日，時間外および休日の労働，時間外および休日深夜の割増賃金，年次有給休暇など
災害補償	療養補償，休業補償，障害補償，遺族補償など
就業規則	作成および届出の義務，制裁規定の制限など

図表6.31　労働基準法で定める主な項目

②労働者派遣事業の適正な運営の確保及び派遣労働者の保護等に関する法律
（労働者派遣法） ···

労働者派遣法は，労働者派遣事業が適正に運営されることおよび派遣労働者の保護を目的として1986年に施行，その後，何度かの改正を経て，2012年，2015年に大幅な改正が行われた。二重派遣の禁止，日雇派遣の原則禁止，離職後1年以内の元従業員の派遣労働者としての

受入禁止，派遣先による正当な理由のない派遣契約解除の禁止，同一労働者の同一事業所・同一部署の3年以上の派遣の禁止などの規則があり，派遣事業者はこれら規則を守らなければならない。

③労働に関する契約

派遣元企業と派遣先企業との間で労働者派遣契約を結び，その上で派遣元企業と雇用契約を結んだ労働者を派遣社員として，派遣先企業に派遣することに対する報酬を約する契約を**労働者派遣契約**という。また労働者派遣契約の下で働く労働者は，派遣元企業と雇用契約を結び，派遣先企業の指揮命令の下で働く。

図表6.32　労働者派遣契約

業務を請け負った企業と業務を注文した企業との間で請負契約を結び，成果物（有形，無形に限らず）に対する報酬を約束する契約を**請負契約**という。成果物の価値によっては大きな利益を得る可能性があるが，成果物の結果責任を負うためリスクも大きい。また請負契約の下で働く労働者は，業務を請け負った企業と雇用契約を結び，請負企業の指揮命令の下で働く。

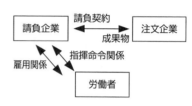

図表6.33　請負契約

業務を受任した企業と業務を委任した企業との間で準委任契約を結び，役務提供に対する報酬を約する契約を**準委任契約**という。成果物に対する結果責任を負わないためリスクは小さいが，利益率が低くなる可能性がある。また準委任契約の下で働く労働者は，業務を受任した企業と雇用契約を結び，受任企業の指揮命令の下で働く。なお，法律行為をなすことに対する契約が委任契約，事実行為をなすことに対する契約が準委任契約である。

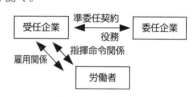

図表6.34　準委任契約

④守秘義務・秘密保持契約

職務上知り得た秘密を他に漏らしてはならないという義務を**守秘義務**という。公務員や弁護士などに対しては法令上守秘義務が課されているが，それら一定の職業に従事する者以外にも，労働契約や請負契約などを締結した当事者が，これらの契約に基づいて守秘義務を負う。

守秘義務

また，契約自由の原則に基づき，不正競争防止法で規定されている営業秘密以外の情報を，秘密保持の対象として締結する契約を**秘密保持契約**（NDA，守秘義務契約ともいう）という。

秘密保持契約
NDA（Non-Disclosure Agreement）

目的外利用の禁止や秘密保持期間，情報の保管方法や取扱い方法，契約違反時の制裁などについて具体的な契約を交わすことができる。

② 取引関連法規

取引先企業や消費者などさまざまな相手と取引を行う際には公正な取引を行うことが重要である。

下請代金支払遅延等防止法（下請法）は，下請取引の公正化および下

下請法

請事業者の利益保護を目的として 1956 年に制定された。従来は製造業を規制対象としていたが，2005 年に改正され，ソフトウェア作成およびサービス提供の事業者が規制対象となった。下請事業者の利益を保護するために親事業者に対し，書面交付や支払期日，遅延利息の支払などの義務，買いたたきや不当なやり直し，下請代金の支払遅延などの禁止事項を定めている。なお，請負契約だけでなく，準委任契約も適用対象となる。

製造物責任法（PL 法）は，製造物の欠陥により損害が生じた場合における消費者の救済を目的として 1994 年に制定された。製造物の欠陥により生命・身体・財産に危害や損害を被った場合，製造業者などが損害賠償責任を負うものとしている。ソフトウェアは動産ではないため適用対象ではないが，埋め込みマイクロチップの場合は機械に組み込まれたものとして動産となり，適用対象となる。

PL 法

8 プロジェクトマネジメント

1 プロジェクト

プロジェクトとは，一定の期限に目的とした成果物を生み出すことであり，プロジェクトマネジメントとは，プロジェクトを成功させるために，**人材・資産・設備・物資・スケジュール**などを調整し，全体の進捗状況を管理する手法である。プロジェクトは，プロジェクトに必要な資金や資源を提供する人または組織である**プロジェクトスポンサ**から任命された**プロジェクトマネージャ，プロジェクトリーダ**と呼ばれる運営責任者によって管理される。プロジェクトマネージャは決裁者に相談しつつ，プロジェクトの企画・提案，メンバの選出，社内調整，顧客折衝，品質管理，進捗管理，コスト管理などを行う。プロジェクトリーダは，プロジェクトマネージャのもとで詳細設計や開発・検証などのフェーズにおいて，プロジェクトメンバを統括・統率する役割を持つ。プロジェクトマネージャをはじめ，プロジェクトにおいて何らかの役割を持ち，目的に向けて活動を行う人を**プロジェクトメンバ**といい，活動を行ううえで関わるすべての人を**ステークホルダ**という。顧客企業とその担当者，プロジェクトメンバなどが該当する。

プロジェクト

プロジェクトスポンサ

プロジェクトマネージャ
プロジェクトリーダ

プロジェクトメンバ
ステークホルダ

2 プロジェクトマネジメント

1 フェーズ

プロジェクトの管理において，その期間や規模を区切った単位を**フェーズ**といい，進捗の管理や人員の管理には，アローダイヤグラムや

フェーズ

ガントチャートが用いられる。

② WBS

プロジェクトマネジメントにおいて，計画を立てるときに用いられる手法の一つに作業分解図（WBS）がある。WBS は，プロジェクト全体を細かい作業に分割し，表現した構成図である。プロジェクトの成果物を中心として，その成果物を作るために必要な作業を配置していき，プロジェクトの各要素を細分化してツリー構造上に表現していく。したがって，下に行くに従い作業の詳細が定義されていく。

WBS (Work Breakdown Structure)

③ PMBOK

プロジェクトマネジメントにおいて，世界標準として用いられる資料に PMBOK がある。これは，プロジェクトマネジメントの手法やノウハウを体系的に整理したもので，10 個の知識エリア，5 つのプロセス，3 つのパートにわかれて定義されている。

PMBOK (Project Management Body Of Knowledge)

知識エリアには次のようなものがある。

①統合マネジメント ··

統合マネジメント

プロジェクトの目的を特定し，方針を定め，他の 9 つの知識エリアを統合し，プロジェクト全体を管理することをいう。

②スコープマネジメント ··

スコープマネジメント

プロジェクトの初期段階にプロジェクトのスコープ（範囲）を決定することをいう。ただ単に範囲を決めるだけでなく，目的を達成するために必要な成果物とタスク，その成果物とタスクが完成されていることの保証も行う。プロジェクトの期間中にスコープは常に見直され，最新の状態になっている必要がある。

③スケジュールマネジメント ··

スケジュールマネジメント

プロジェクトを定められた時間内で完了するように管理することをいう。時間当たりの生産性を高めるために進捗管理を行い，滞っているタスクを把握してどのような対策を行うべきかを判断する。

④コストマネジメント ···

コストマネジメント

プロジェクトを承認された予算内で完了するように管理することをいう。プロジェクトに必要なコストの見積りや予算設定，予算管理を行う。最終的な成果物から，プロジェクトに必要な人員や機器などの資源を洗い出し，予算を見積もり，プロジェクトの期間中は予算を超えないようにプロジェクトを監視する。

⑤品質マネジメント ··

品質マネジメント

プロジェクトのプロセスや成果物の品質を管理することをいう。品質管理の方針や計画を立て，品質を保持するための管理や監視を行う。最終的な成果物だけでなく，プロセスについてもその品質を保持するため

の管理を行う必要がある。

⑥資源マネジメント ··

　プロジェクトの目的を達成するための人員や機器などの資源を調達，管理することをいう。プロジェクトを遂行できるチームを組織するために必要なスキルを持つ人的資源の確保や組織づくり，機器など物的資源の使用率や消費率などの管理を行う。

⑦コミュニケーションマネジメント ··

　ステークホルダが必要とする情報を把握し，正確な情報伝達を行うための活動をいう。プロジェクト情報の収集や配布，保管，廃棄など情報の管理だけでなく，適切な時期に適切な方法で伝達するなど情報伝達全体の管理を行う。

⑧リスクマネジメント ··

　プロジェクトで発生するリスクについて，リスクを特定，分析し，リスクへの対応計画を立てることをいう。プロジェクトにとってプラスになるリスクとマイナスになるリスクを切り分け，特定したリスクの追跡，残存リスクの監視，新たなリスクの特定などの管理を行う。

⑨調達マネジメント ··

　プロジェクトに必要な物的資源やサービスなどを外部から調達する際，納入業者の管理を行うことをいう。契約の種類の判断，納入業者の選定，交渉，納入の進捗管理，検収などの管理を行う。

⑩ステークホルダマネジメント ··

　プロジェクトに影響のあるステークホルダを特定し，プロジェクトに対する利害や関与の度合い，影響度などを判断して管理することをいう。ステークホルダにはプロジェクトへの関与を強化するようにマネジメントし，ステークホルダのニーズや期待を満足させることを目指す。

　これらの10個の知識エリアを5つのプロセスごとに管理する。5つのプロセスには次のようなものがある。

①立ち上げプロセス ··

　プロジェクト開始前に，プロジェクトの許可を得るプロセスである。ステークホルダマネジメントにおけるステークホルダ特定などが挙げられる。

②計画プロセス ··

　プロジェクトの目的や目標を達成するための作業計画を立案，作成するプロセスである。統合マネジメントにおけるプロジェクト管理計画書の作成，スコープマネジメントにおけるスコープ計画やスコープ定義，スケジュールマネジメントにおける作業順序の設定やスケジュール作成，

コストマネジメントにおけるコストの見積りや予算設定，品質マネジメントにおける品質計画，資源マネジメントにおける要員計画，コミュニケーションマネジメントにおけるコミュニケーション計画，リスクマネジメントにおけるリスク定義やリスク対策計画，調達マネジメントにおける契約の計画，ステークホルダマネジメントにおけるステークホルダ管理計画などが挙げられる。

③実行プロセス

立案した計画に基づいて，プロジェクトを実行するというプロセスである。統合マネジメントにおけるプロジェクト実行の指揮管理，品質マネジメントにおける品質保証，資源マネジメントにおけるチーム結成，コミュニケーションマネジメントにおける情報の配布，調達マネジメントにおける業者の選定，ステークホルダマネジメントにおけるステークホルダエンゲージド管理などが挙げられる。

④監視・管理プロセス

プロジェクトが計画通りに実行されているか，継続的に監視し，計画通りでない場合にその是正を行うプロセスである。統合マネジメントにおける統合的な変更管理，スコープマネジメントにおけるスコープ管理，スケジュールマネジメントにおける進捗管理，品質マネジメントにおける品質管理などが挙げられる。

⑤終結プロセス

所定のプロセスが完了していることを確認，検証し，プロジェクトやフェーズを終結させるプロセスである。統合マネジメントにおけるプロジェクトの終結，調達マネジメントにおける契約の完了などが挙げられる。

PMBOK（図表6.35）では，これらの10個の知識エリアと5つのプロセスとのマトリクスを，さらに入力，ツールと実践技法，出力という3つのパートにわけて定義されている。

３　システム開発

システム開発は，企業の目標や目的を達成するために必要な情報システムを作る作業である。その開発は，機能が正しく動作することはもちろんのこと，利用者に使いやすいものでなくてはならない。システムの開発のプロセスには，要件定義，システム設計，プログラミング，テストなどがある。その後システムの導入，導入したシステムの運用と保守を行う。

① 要件定義

要件定義では，システムやソフトウェアに要求される機能，性能，内

要件定義

知識エリア	プロセス				
	立ち上げ	計画	実行	監視・管理	終結
統合マネジメント	・プロジェクト憲章作成	・プロジェクトマネジメント計画書作成	・プロジェクト作業の指揮・管理 ・プロジェクト知識の管理	・プロジェクト作業の監視・管理 ・統合変更管理	・プロジェクトやフェーズの終結
スコープマネジメント		・スコープマネジメント計画 ・スコープ定義 ・WBSの作成		・スコープ管理 ・スコープ変更管理 ・スコープ妥当性管理	
スケジュールマネジメント		・スケジュールマネジメント計画 ・作業の定義 ・作業の順序設定 ・作業の所要時間の見積り ・スケジュール作成		・スケジュール管理	
コストマネジメント		・コストマネジメント計画 ・コスト見積り ・予算設定		・コスト管理	
品質マネジメント		・品質マネジメント計画	・品質保証	・品質管理	
資源マネジメント		・資源マネジメント計画 ・要員計画 ・物的資源見積り	・プロジェクトチームの結成 ・プロジェクトチームの育成 ・物的資源の獲得	・プロジェクトチームの管理 ・物的資源の管理	
コミュニケーションマネジメント		・コミュニケーションマネジメント計画	・コミュニケーションの管理 ・情報の配布	・コミュニケーションの監視	
リスクマネジメント		・リスクマネジメント計画 ・リスク特定 ・リスク分析 ・リスク対策計画	・リスク対策の実行	・リスクの監視・管理	
調達マネジメント		・調達マネジメント計画	・提案依頼 ・業者選定	・契約管理	・契約の完了
ステークホルダマネジメント	・ステークホルダ特定	・ステークホルダエンゲージメント計画	・ステークホルダエンゲージメントの管理	・ステークホルダエンゲージメントの監視	

図表 6.35　PMBOK

容を明確化する。アンケート調査，ヒヤリングなどによる利用者の要望の調査を行い，調査結果をもとに分析してシステム化が実現可能かどうかの判断を行う。また，どの範囲までコンピュータを導入するかの判断も重要である。

② システム設計

システム設計では，要件定義に基づき外部設計，内部設計，ソフトウェア詳細設計を行う。

① 外部設計

要件定義をもとに，利用者の立場に立った設計を行う。入力画面の設計や出力の形式などの設計を行う。また，データやコードの設計も行う。

② 内部設計

要件定義をどのように実現するのかという設計を行う。システムの機

能をプログラムに分割して，利用するコンピュータの仕様を最大限にいかすように設計を行う。

③ソフトウェア詳細設計 ···

プログラム設計とも呼ばれ，内部設計に基づきプログラム内の設計を行う。プログラムをモジュールという単位に分割し，モジュール間のインタフェースに関する設計も行う。

詳細設計

③ プログラミングおよび単体テスト

ソフトウェア詳細設計に基づき，各モジュールを実際にプログラム言語を用いて作成する。モジュールがソフトウェア詳細設計に基づき作成され，正常に動作するかを確認するために，単体テストも行う。単体テストには，ホワイトボックステストとブラックボックステストがある。

図表 6.36　モジュール内処理

①ホワイトボックステスト ···

ホワイトボックステストは，プログラムの制御の流れに着目して，モジュール内のすべての命令を最低 1 回は実行するようにテストを行う。テストケースの設計には，図表 6.37 のようなものがある。

テストケース	概　要
命令網羅	モジュール内のすべての命令が最低 1 回は実行するように設計する。 図 6.36 において，命令 A を最低 1 回実行すればよい。
判定条件網羅	判定条件で，Yes と No の経路を最低 1 回は実行するように設計する。 図 6.36 においても Yes と No の処理を 1 回ずつ通るように，X と Y の値を設定する。
条件網羅	条件で真と偽それぞれの組み合わせを最低 1 回は実行するように設計する。 図 6.36 において，X の判定が真で Y の判定が偽，X の判定が偽で Y の判定が真となる値を設定する。この場合処理としては No を通る。
複数条件網羅	条件で真と偽のあらゆる組み合わせを最低 1 回は実行するように設計する。 図 6.36 において，X の判定が真で Y の判定が真，X の判定が真で Y の判定が偽，X の判定が偽で Y の判定が真，X の判定が偽で Y の判定が偽の 4 通りすべての組み合わせのテストを行う。

図表 6.37　ホワイトボックステストにおけるテストケース

②ブラックボックステスト ···

ブラックボックステストは，モジュール内部には着目せずに，入力した値と出力結果のみに着目して確認を行うテスト方法である。テストデータの作成方法には，図表 6.38 のものがある。

④ テスト

テストには，各モジュールの結合を確認する結合テスト，結合テストが完了したモジュールを結合して行うシステムテストなどがある。

作成方法の種類	作成方法
同値分割	データを有効と無効なグループに分け，各グループの1つの値を代表値とする。たとえば0から10までの整数が正しい場合には，0未満の値は無効なグループ，0以上10以下の値が有効なグループ，10より大きい値は無効なグループとする。この3つのグループからそれぞれ1つの値を決め，テストデータとする。
限界値分割	データを有効と無効なグループに分け，各境界値をテストデータとする。たとえば0から10までの整数が正しい場合には，−1，0，10，11が境界値となるので，この値をテストデータとする。
実験計画法	全テストケースを洗い出し集計を行い，テストデータを作成する。

図表 6.38　ブラックボックステストにおけるテストデータの作成方法

①結合テスト ···

　トップダウンテストは，上位のモジュールから順番にテストを行う方式である。この場合，下位モジュールの代わりに利用するスタブを用意してテストを行う。

　ボトムアップテストは，下位のモジュールから順番にテストを行う方式である。この場合，上位モジュールの代わりに利用するドライバを用意してテストを行う。

　サンドイッチテストは，上位のモジュールからトップダウンテスト，下位のモジュールからボトムアップテストを並行して行うテストであり，折衷テストともいう。

　ビッグバンテストは，すべてのモジュールを結合して，一斉にテストを行う方式である。

②システムテスト ···

　システムテストは，総合テストであり，図表6.41のようなものがある。

図表 6.39　トップダウンテスト

図表 6.40　ボトムアップテスト

テストの種類	内　容
機能テスト	システムに要求どおりの機能がすべて含まれているかを確認する
性能テスト	システムの処理能力を確認する
例外処理テスト	仕様以外のデータに対して対処できるかを確認する
障害テスト	障害発生時の対応ができているかを確認する
負荷テスト	想定される最多のデータや負荷に耐えられるかを確認する
操作性テスト	利用者が利用しやすいかを検証する
レグレッションテスト（退行テスト）	エラーを発見し修正を行ったなどの変更を行った場合に，他に影響がないかを検証する

図表 6.41　システムテストにおけるテストの種類

⑤ システム導入と受け入れテスト

完成したシステムは，開発を行っているところから実際に運用を行う環境に移行される。この移行作業を行うために，開発側はシステム導入計画を立て導入作業を行う。受け入れ側はシステムが正常に動作するか，契約内容どおりにシステムが完成しているかの確認を行うために受け入れテストを行う。

⑥ システムの運用と保守

開発したシステムを，実際の業務で使用することをシステム運用という。保守とは，システムの利用状況や稼働状況を監視し，不具合があれば修正・改善などを行う。

4　ソフトウェアの開発モデル

滝の水が高いところから下に落ちるように，上流工程から下流工程へと順に開発を進めていく開発モデルを**ウォータフォールモデル**という。システム開発において，最も一般的なモデルである。開発コストの見積もりや要員管理なども比較的行いやすい。

ウォータフォールモデル

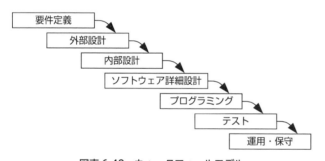

図表 6.42　ウォータフォールモデル

図表 6.43　スパイラル
モデル

利用者からのフィードバックや要望に対して具体的に対応しながら，ウォータフォールモデルの要件定義からテストまでの段階を，利用者との認識のズレを補正しながら作成していく開発手法を**スパイラルモデル**という。要件定義からテストまでを繰り返し，少しずつ開発を進めていくため，らせん状（スパイラル）の工程をたどる。利用者との認識のズレがないぶん，利用者の満足度は高くなるが，開発工程の管理が複雑になる。

システム開発の早い段階から，試作（プロトタイプ）を作成して，利用者の確認を得ながら開発を行う開発モデルを**プロトタイプモデル**という。プロトタイプモデルでは，利用者と開発者の誤解やズレを早期に発見することができる。利用者の意見を十分に取り入れることができるため，利用者にとって満足のゆくシステムを作成することができ，また早期段階からシステムの具体的なイメージをとらえることができる。

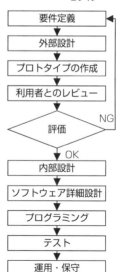

図表 6.44　プロトタイプ
モデル

ユニット単位で計画，設計，実装，テストを繰り返して開発を進めていく開発モデルを**アジャイルタイプ**という。この繰返しをイテレーションといい，イテレーションごとに機能をリリースする。システムの計画段階で厳密な仕様を決めずに仕様と要求の概要だけを決めるため，開発途中で変更があっても臨機応変に対応することができる。アジャイルタイプの開発手法には，スクラム，エクストリーム・プログラミング（XP），ユーザ機能駆動開発（FDD），かんばんなど多くの種類がある。

アジャイルタイプ
XP (eXtreme Programming)
FDD (Feature Driven Development)

ソフトウェアの動作を解析するなどして，動作原理やソフトウェアの仕様，ソースコードなどを調査することを**リバースエンジニアリング**という。他社製品との互換性の確認やメンテナンス機能の追加，ぜい弱性の発見などに活用される。

リバースエンジニアリング

9 ：サービスマネジメント

情報システムを安定かつ効率的に運用することは重要であり，また利用者に対するサービスの品質を維持・向上させることが必要である。内部での情報システムの効率的な運用を図ることを **IT サービスマネジメント**といい，IT 部門の業務を IT サービスとしてとらえた考え方である。利用者に対するサービスとしては，**サービスサポート**，**ファシリティマネジメント**などがある。

IT サービスマネジメント

1　IT サービスマネジメント

IT サービスマネジメントとは，IT 部門での業務を IT サービスとしてとらえた考え方であり，可用性や保守性をはじめとするサービスの品質を高めるための管理方法である。その 1 つの考え方として **ITIL** がある。ITIL は，利用者が日常的に必要なサービスを利用できるようにサポートするサービスサポートと，サービスを長期的に改善していくサービスデリバリの 2 つに分けて考えている。

ITIL (Information Technology Infrastructure Library)

サービスレベルを達成するためには，**PDCA サイクル**が用いられることが多い。PDCA サイクルは，マネジメントサイクルの一つで，**計画（Plan）**，**実行（Do）**，**評価（Check）**，**改善（Act）**のプロセスを順に実施する。ただし改善で終わるのでなく，その改善を次の計画にフィードバックすることが重要である。

PDCA サイクル

Plan	目標を設定して，実現するための計画を立てる
Do	計画を実施し，結果を測定する
Check	結果を評価し，結果から分析を行う
Act	改善や向上に必要な措置を実施する

図表 6.45　PDCA サイクル

2　サービスサポート

サービスサポートの代表的なものは，**サポートデスク（ヘルプデスク）**である。サポートデスクは，利用者のトラブルや苦情の総合的な受付である。サポートデスクは，受付の内容により適切な部署への引継ぎを行い，引き継いだ部署はトラブルの対処などを行う。また，対応結果の記録などの管理を行っている。

サービスデスク以外のプロセスとしては，インシデント管理，問題管理，構成管理，変更管理，リリース管理の5つのプロセスがある。

3　サービスデリバリ

サービスデリバリは，サービスレベル管理，ITサービス財務管理，キャパシティ管理，ITサービス継続性管理，可用性管理の5つのプロセスで構成されている。これらのプロセスを実施することで安定したITサービスを提供することができる。

4　ファシリティマネジメント

ファシリティマネジメントは，コンピュータやネットワーク，ビルの維持管理など設備や建物などが，最適な状態であるように維持・保全を行うことをいう。ただ維持するだけでなく，より良い状態になるよう追求し，新しいものを活用していくこともファシリティマネジメントの対象である。

コンピュータ関連のファシリティマネジメントとしては，コンピュータの維持のために停電対策として無停電電源装置（UPS）を導入することや，システムのバックアップ，入退室管理などが挙げられる。

サービスサポート
サポートデスク
ヘルプデスク

サービスデリバリ

ファシリティマネジメント

章 末 問 題

→ **問題1** 次の情報社会とコンピュータに関する記述を読み，それぞれに対応する最も適切な字句を解答群から選べ。

（1）わが国が目指す未来社会では，常にビッグデータが収集され，AI により解析されてその結果がフィードバックされるような超スマート社会になる。

（2）腕時計型のコンピュータやメガネ型のディスプレイ，超小型のマイクやカメラなどの入力装置や記憶装置を，服や腕時計のように身につけて使用する。

（3）新聞やテレビなどで報じられた情報をさまざまな視点からとらえ，客観的に分析し，評価する力や，文字や画像などを活用して，効果的な形態で表現する力のこと。

（4）友人知人などの社会的ネットワークをオンラインで提供することを目的とする，コミュニティ型のインターネットサービスである。テキストだけでなく，写真や動画なども投稿できる。

（5）実世界にあるさまざまなデータを収集し，サイバー空間で人工知能などによって分析などを行い，その結果得られた情報によって産業の活性化や社会問題の解決を図ることである。

（6）家電製品や建物，自動車，その他の電子機器などが，インターネットを介してクラウドサービスやサーバなどに接続され，相互に情報交換をする仕組みである。

（解答群）..

（1）～（4）

ア．Society4.0　　　　　　　イ．Society5.0　　　　　ウ．科学技術立国政策

エ．バーチャルコンピュータ　オ．モバイルコンピュータ　カ．ウェアラブルコンピュータ

キ．コンピュータリテラシー　ク．科学リテラシー　　　ケ．メディアリテラシー

コ．SNS（Social Networking Service）

サ．VICS（Vehicle Information and Communication System）

シ．API（Application Program Interface）

（5），（6）

ア．AI（Artificial Intelligence）　　　　　　イ．CPS（Cyber Physical System）

ウ．FA（Factory Automation）　　　　　　　エ．IoT（Internet of Things）

オ．MBSE（Model Based System Engineering）　カ．POS（Point Of Sales）

→ **問題2** 次の PPM 分析や SWOT 分析に関する記述中の 　　　　　 に入れるべき，最も適切な字句を解答群から選べ。

＜設問1＞

自社の製品や事業の市場競争力を客観的に評価・分析するための分析手法に PPM がある。PPM 分析では，図のように市場占有率と市場成長率を高低差で組み合わせ，自社の製品や事業を「花形」，「金のなる木」，「問題児」，「負け犬」の4つに分類する。

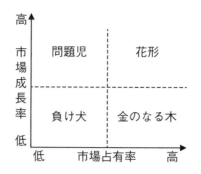

（1）……成長市場であるため，投資を継続する必要がある。利益を生み出す効果はそれほど大きくないが，いずれ（2）になる可能性がある。

（2）……市場成長率が低くても高いシェアを持つため，投資を少なくしても大きな利益創出効果が期待できる。

（3）……成長市場であるのに自社製品が売れていない。大きな投資を行うことによって（1）になる可能性がある。

（4）……利益創出効果もないため，将来的には撤退を考える必要がある。

　経営戦略では，（2）で得た利益を（3）に投入することによって，自社製品を成長させる手法がある。

（解答群）‥‥‥‥‥‥‥‥‥‥‥‥‥‥‥‥‥‥‥‥‥‥‥‥‥‥‥‥‥‥‥‥‥‥‥‥‥

　　ア．金のなる木　　　　イ．花形

　　ウ．負け犬　　　　　　エ．問題児

＜設問2＞

　SWOT分析は，経営戦略を立てるために企業状況を分析する際に用いられる。SWOT分析では，企業の状況を外部要因と内部要因から分析する。内部要因には，コアコンピタンスのような企業の（5）と，経営資源不足のような企業の（6）がある。外部要因には，市場の景気が良くなることによって自社の売上を伸ばす（7）や，他社の市場進出による（8）などがある。

（解答群）‥‥‥‥‥‥‥‥‥‥‥‥‥‥‥‥‥‥‥‥‥‥‥‥‥‥‥‥‥‥‥‥‥‥‥‥‥

　　ア．機会（Opportunities）　　　イ．脅威（Threats）

　　ウ．強み（Strengths）　　　　　エ．弱み（Weaknesses）

第1章

問題 1

解答 （1）オ （2）ウ （3）ア （4）カ （5）カ （6）ウ （7）オ （8）イ

解説 ディシジョンテーブル（決定表）に関する問題である。ディシジョンテーブルを用いて情報を整理する方法について理解しておくことが大切である。ディシジョンテーブルは，プログラムの論理構造を表形式で表現したものである。条件と処理（行動）の組み合わせを把握するのに適している。表は次のように4つの欄から構成されている。

表1　出張費の決定表

【条件記述部】 条件の一覧を記述する	【条件指定部】 左枠の条件の組み合わせを真（Y）または偽（N）で指定する
【行動記述部】 実行すべき行動を記述する	【行動指定部】 上枠の条件の組み合わせに対する行動の有無を記述する （該当する項目に×を記述する）

（1）…行動記述部を見ると「手当なし」に「×」があることから，「実働時間がない場合は出張手当を支給しない」に該当することがわかる。また，宿泊費としての8,000円も支給されていないことから，「実働時間なし」が「Y」で，かつ「実働5時間未満」「実働5時間以上」「宿泊する」がいずれも「N」の条件が該当する。

（2）…行動記述部を見ると「3,000円支給」に「×」があることから，「実働時間が5時間未満の場合は3,000円の出張手当を支給する」に該当することがわかる。また，宿泊費としての8,000円は支給されていないことから，「実働5時間未満」が「Y」で，かつ「実働時間なし」「実働5時間以上」「宿泊する」がいずれも「N」の条件が該当する。

（3）…行動記述部を見ると「6,000円支給」に「×」があることから，「実働時間が5時間以上の場合は6,000円の出張手当を支給する」に該当することがわかる。また，宿泊費としての8,000円は支給されていないことから，「実働5時間以上」が「Y」で，かつ「実働時間なし」「実働5時間未満」「宿泊する」がいずれも「N」の条件が該当する。

（4）…行動記述部を見ると「8,000円支給」に「×」があることから，「宿泊を要する場合は，宿泊費として8,000円を支給する」に該当することがわかる。支給額はこの8,000円だけであることから，その日の実働時間はなく，出張先に移動して宿泊しただけであることがわかる。したがって，「実働時間なし」「宿泊する」が「Y」で，かつ「実働5時間未満」「実働5時間以上」が「N」の条件が該当する。

　以上より，ディシジョンテーブルを完成させると表2のとおりとなる。

表2　出張費の決定表

条件	実働時間なし	Y	N	N	Y	N	N
	実働5時間未満	N	Y	N	N	Y	N
	実働5時間以上	N	N	Y	N	N	Y
	宿泊する	N	N	N	Y	Y	Y
行動	手当なし	×					
	3,000円支給		×				
	6,000円支給			×			
	8,000円支給				×		
	11,000円支給					×	
	14,000円支給						×

（5）…条件指定部を見ると，「実働5時間以上」と「宿泊する」の2か所に「Y」がある。「実働5時間以上」は6,000円支給，「宿泊する」は8,000円支給であるため，合わせて14,000円の支給となる。

（6）…条件指定部を見ると，「実働5時間以上」のみが「Y」となっている。「実働5時間以上」は6,000円支給である。

（7）…条件指定部を見ると，「宿泊する」のみが「Y」となっている。「実働時間なし」と「実働5時間以上」がどちらも「N」であるということは，「実働5時間未満」であったことを意味する。「実働5時間未満」は3,000円支給，「宿泊する」は8,000円支給であるため，合わせて11,000円の支給となる。

（8）…条件指定部を見ると，すべての条件が「N」となっている。「実働時間なし」と「実働5時間以上」がどちらも「N」であるということは，「実働5時間未満」となる。宿泊はないため3,000円支給となる。

　以上より，ディシジョンテーブルを完成させると表3のとおりとなる。

表3　条件を変更した出張費の決定表

条件	実働時間なし	Y	Y	N	N	N	N
	実働5時間以上	N	N	Y	Y	N	N
	宿泊する	Y	N	Y	N	Y	N
行動	手当なし		×				
	3,000円支給						×
	6,000円支給				×		
	8,000円支給	×					
	11,000円支給					×	
	14,000円支給			×			

第2章

問題　1

解答　（1）イ　（2）エ　（3）カ　（4）イ　（5）ア　（6）イ　（7）オ

解説　入出力装置に関する問題である。ディスプレイやプリンタの種類・特徴，および色の表現方法について正しく理解しておくことが大切である。

（1）…2枚のガラス板の間に入れた物質に電圧をかけることにより，光の透過率を変えて画面に表

示する仕組みを持つものは，液晶ディスプレイである。液晶とは液体と固体の両方の性質を持った特殊な物質である。

(2)…液晶ディスプレイに封入された物質自体は発光しないので，背面に光源が必要となるが，これをバックライトという。バックライトには LED が使われている。

(3)…ガラス板などに特殊な化合物で作った薄い膜を貼り付け，電圧をかけると自己発光する表示装置は有機 EL ディスプレイである。

(4)…ディスプレイは光の三原色である RGB（赤・緑・青）を組み合わせて色を表現している。

(5)…ノズルの先端から微量なインクを噴射させて用紙に着色させるプリンタをインクジェットプリンタという。

(6)…プリンタで使用するインクは，色の三原色である CMY（シアン・マゼンタ・イエロー）が基本となる。原理的には 3 色を混合すると黒色になるが，黒インクは使用頻度が高いため CMY に加えてブラック（K）を入れているプリンタも多い。さらには写真をより鮮明に印刷するために，ライトシアンやライトマゼンタなど薄めのインクを組み合わせているプリンタもある。

(7)…感光体のドラムにトナーを付着させ，熱でトナーを溶かして用紙に転写する方式のプリンタをレーザプリンタという。インクジェットプリンタに比べると多少高価になるが，印刷スピードが速く静かであるというのが特徴である。

第3章

問題 1

解答 (1)ア (2)オ (3)エ (4)カ (5)ク

解説

(1)…インターネットで利用されている標準プロトコルは，TCP/IP である。

(2)…クライアントからの要求に応えて WWW サーバから HTML などのコンテンツを送信するときには，HTTP が利用されている。

(3)…TCP/IP ネットワークで，遠隔地のコンピュータに接続するのは Telnet である。

(4)…クライアントからサーバ，サーバからサーバへのメールの送信時には SMTP が利用されている。

(5)…ファイルのアップロードやダウンロードする場合には，FTP が利用される。現在ではダウンロードのときに HTTP を利用する場合もある。

問題 2

解答 (1)エ (2)オ (3)カ (4)コ (5)サ (6)ウ (7)ケ

解説

(1)…ADSL でインターネットに接続するためには，ADSL モデムが必要である。電話用とコンピュータ用のデータの振り分けにはスプリッタが利用されている。

(2)…ケーブルテレビ回線を利用し，インターネットに接続するためには，CATV モデムが必要

である。

（3）…光ファイバを用いた FTTH を利用してインターネットに接続するためには，メディアコンバータが必要である。

（4）…LAN 内部だけで利用できる IP アドレスは，プライベート IP アドレスである。これをインターネット上で利用してはならない。

（5）…インターネット上で利用されている IP アドレスは，グローバル IP アドレスである。

（6）…プライベート IP アドレスとグローバル IP アドレスを 1 対 1 で変換するのは，NAT である。

（7）…プライベート IP アドレスとグローバル IP アドレスを 1 対多で変換するのは，NAPT である。ポート番号などを利用して可能としている。

問題　3

解答 （1）オ　（2）ケ　（3）ク　（4）ウ　（5）エ

解説

（1）…Web ページのように文字に色を付けたり，大きさを変えたりすることができるのは HTML メールである。しかし，対応していないメーラでは正確に表示できない場合があるため，あまり利用しないほうがよい。

（2）…文字情報だけのメールは，テキスト形式のメールである。この形式ならば通常どのようなメーラでも見ることができるが，機種依存文字や半角カタカナなどは文字化けする可能性があるため，利用してはいけない。

（3）…画像データや音楽データは文字データに比べると容量が大きいので，可能な限り圧縮して容量を小さくして送ったほうがよい。

（4）…ISP などが，メール送信の踏み台にされないように，メール送信時にもユーザ認証を行っている。送信前に受信作業をしてユーザ認証を行うのを POP before SMTP という。

（5）…Web ブラウザを利用できる環境であれば，メーラを使用しなくても Web ブラウザでメールの送受信を行うことができるサービスを Web メールという。

問題　4

解答 （1）ウ　（2）キ　（3）オ　（4）カ　（5）エ

解説

（1）…無線 LAN の規格は，IEEE802.11 で表示され，IEEE802.11b，IEEE802.11a，IEEE802.11g などがある。基本的に各規格に互換性はない。

（2）…無線 LAN で，通信相手を識別するグループ名のようなものは SSID（ESSID）である。一般的には公開されており，接続したい SSID を選択して暗号化の設定などをすればよい。SSID を他のユーザに知られたくない場合には，ステルス機能を利用して公開しないようにする。

（3）…暗号化の方式で 64 ビットや 128 ビットなどの鍵を利用するのは，WEP である。

（4）…ユーザ認証機能や暗号化の鍵を更新する機能などがある暗号化の方式は，WPA である。

第4章

問題 1

解答 （1）イ （2）オ （3）エ （4）ケ （5）シ

解説

（1）…1 月から 3 月までの各店舗別の売上げ合計を求めるのであるから，セル E2 には，セル B2 から D2 の合計の＝SUM（B2：D2）が入る。

（2）…1 月から 3 月までの各店舗別の売上げ平均を求めるのであるから，セル F2 には，セル B2 から D2 の平均の＝AVERAGE（B2：D2）が入る。

（3）…各月の売上げ合計を求めるのであるから，セル B5 には，セル B2 から B4 の合計の＝SUM（B2：B4）が入る。

（4）…各店舗の売上げの高い順に順位をセル G2 に求めるのであるから，＝RANK（E2，E2：E4，0）となる。しかし，これではセル G3 に複写した場合，＝RANK（E3，E3：E5，0）となってしまい，正確な順位ではなくなる。よって，順位を出す対象範囲である，セル E2～セル E4 は複写してもセル番地が変わらないようにするために，＝RANK（E2，E\$2：E\$4，0）と絶対番地を使用する必要がある。

（5）…各店舗の売上げ合計の割合を求めるのであるから，計算式としては，店舗売上げ合計÷全店舗売上げ×100 となることから，セル H2 に入れる式は，＝E2/E5*100 となる。しかしこれでは，セル H3 に複写したときに計算式は，＝E3/E6*100 となってしまい，全店舗売上げ合計のセル位置がずれてしまい，正確な割合を求めることができない。よって計算式は，＝E2/E\$5*100 となる。

問題 2

解答 （1）カ （2）ウ （3）ア （4）イ

解説

（1）…データベースにはさまざまなものがあるが，表形式のデータベースはリレーショナル型データベースである。リレーショナル型のデータベースは，複数の表を関係する項目で関係づけであるリレーションシップを行って利用する。

（2）…表から指定して列だけを取り出して，新しい表を作成することを射影という。

（3）…表から条件に合った行だけを抽出して，新しい表を作成することを選択という。

（4）…2 つ以上の表から，共通の項目を利用して新しい表を作成することを結合という。

問題 3

解答 （1）ウ （2）オ （3）サ

解説

（1）…合計の値が 200 以上のときに，「合格」であるから論理式は E2>＝200 となり，セル F2 には，＝IＦ（E2>＝200,"合格","不合格"）が入る。

（2）…70 点以上の人数を数えるのであるから，COUNTIF 関数を用いる。数える範囲は国語の場合，B2 から B6 であり，検索条件は >＝70 となる。したがって，セル B10 には，＝COUNTIF（B2：B6 ,">＝70"）が入る。セル C10 とセル D10 に複写するが，範囲は C 列，D 列となるため，相対セル番地のままでよい。

（3）…上の表から値を参照するので，VLOOKUP 関数を用いる。検索値はセル A13 の値で，検索範囲はセル A2 から D6 である。国語は，セル A2 から D6 の表の 2 列目にある。したがって，セル B13 に入れる式は，＝VLOOKUP（A13 , A2：D6 , 2）となる。

第5章

問題 1

解答 （1）ク （2）カ （3）キ （4）ア （5）オ （6）ケ

解説 情報モラルとセキュリティに関する問題である。スパイウェアについて問うている。また，フィルタリングやファイアウォール，電子署名について問うている。

（1）…感染させたパソコンのファイルやデータにアクセスできないようにし，その復元を条件に金銭を要求するプログラムは，ランサムウェアである。最近では仮想通貨での支払を要求するなど手口が多様化している。

（2）…金融機関や宅配業者などからの正規のメールや SMS を装ったメッセージから偽の Web サイトへと誘導し，暗証番号やクレジットカード番号などを詐取する詐欺は，フィッシングである。近年はますます巧妙化してきている。

（3）…端末コンピュータから個人情報を収集・送信するソフトウェアは，スパイウェアである。Web ページを閲覧したり，動画や音楽を再生する無料ソフトなどを取り込むときに，一緒に入り込むことがある。

（4）…フィルタリングとは，わいせつな情報，暴力など犯罪につながる情報，非合法な物品の情報など，有害な情報を遮断するために，それらを発信する Web サイトへのアクセスを制限することである。従来，青少年向けに学校や家庭で使われていたが，最近では企業で，業務に関係のないサイトの閲覧を制限するために使われ始めている。

（5）…企業などのネットワークでは，インターネットなどの外部ネットワークを通じての不正アクセスによる盗聴や改ざん，破壊などが行われないようにする必要がある。そのため，外部との境界を通過するデータを監視して，不正なアクセスを検出，遮断しているが，その機能が組み込まれたルータやホストコンピュータをファイアウォールという。一般的には，社内ネットワークと外部ネットワークルータの間に設置される。

（6）…ネット上の通信では，盗聴やなりすまし，改ざんが行われることがある。暗号化は，通信途

中で第三者に盗聴されないようにするもので，なりすましや改ざんが行われていないことを示すものとして，電子署名がある。公開鍵暗号方式とは逆に，送信側が秘密鍵で暗号化し，受信側が公開鍵で復号して，その文書が改ざんされていないことを保証する仕組みである。

問題 2

解答 （1）イ （2）エ （3）イ （4）カ （5）エ （6）エ （7）ウ

解説 知的財産権にかかわる問題である。知的財産権は，産業財産権（工業所有権）と著作権，その他からなる。産業財産権を構成する特許権，実用新案権，意匠権，商標権の保護対象や，ディジタル情報の特徴や不正競争防止法，Web ページでの著作権などについて問うている。

<設問1>

(1)，(2)…産業財産権には，特許権，実用新案権，意匠権，商標権があり，産業の発達にかかわる知的財産を保護し，登録されないと権利としては扱われない。保護する対象は，特許権では発明，実用新案権では考案である。

(3)，(4)…保護する対象は，意匠権では工業デザインなど，商標権では商標やロゴなどである。

<設問2>

(5)…ディジタル情報の特徴は，コピーが容易にでき，劣化しないことである。そのため，大量のコピーが作られ，インターネットを通じて短時間で配付することができる。また，他人に渡しても自分の手元に残すこともできる。したがって，ア，イ，ウの記述は不適切である。インターネット上の情報は，信ぴょう性に欠ける情報や，個人の思惑によって意図的にゆがめられた情報などもあり，玉石混交である。エの記述が適切である。

(6)…営業秘密や商品形態などを保護する法律は，不正競争防止法である。不正競争防止法では，商標を模倣したり，類似商品を作ったり，顧客名簿や設計図などの企業秘密を不正に入手することなどを禁止している。

(7)…著作権には，複製権・公衆送信権などいろいろな種類の権利がある。他人の Web ページの文章や画像をコピーするのは複製権の侵害にあたり，それを公開するのは公衆送信権の侵害にあたる。商標は商標権で保護され，マンガのキャラクタは著作権や商品化権で保護されている。違法な音楽サイトは作詞・作曲家や演奏者の許可なしのものなので，それに協力することは適切ではない。知人が写った写真の無断使用は，肖像権の侵害にあたるので知人の許可を得るのは適切な対応である。

第6章

問題 1

解答 （1）イ （2）カ （3）ケ （4）コ （5）イ （6）エ

解説 情報社会におけるコンピュータの役割と生活にかかわる問題である。情報が氾濫している中で重要なメディアリテラシー，これからの超スマート社会と，その中で重要な役割を果たす AI や IoT などについて問うている。

（1）…2016年に策定された第5期科学技術基本計画において，わが国が目指す未来社会を，新たな社会という意味でSociety5.0という。

（2）…コンピュータやディスプレイを身につけるのは，ウェアラブルコンピュータである。IoTを利用し，パソコンやスマートフォン，情報家電だけにとどまらず，腕時計やメガネなどの装飾品などもコンピュータ化しようとしている。

（3）…新聞やテレビなどのメディアで報じられた情報を，客観的に分析し，評価する力はメディアリテラシーである。

（4）…友人知人などの社会的ネットワークをオンラインで提供することを目的としているのは，SNSである。専門的な知識がなくとも，個人が容易に情報発信することができるので，情報の信頼性や信ぴょう性を判断する必要がある。

（5）…フィジカル空間（現実空間）にあるさまざまなデータをセンサネットワーク等で収集し，サイバー空間（仮想空間）でAIなどによって分析や知識化を行い，そこで創出された情報によって産業の活性化や社会問題の解決を図ることをCPS（Cyber Physical System）という。

（6）…家電製品や建物，自動車，その他の電子機器などが，インターネットを介してクラウドサービスやサーバなどに接続され，相互に情報交換をする仕組みをIoT（Internet of Things）という。

問題 2

解答 （1）イ　（2）ア　（3）エ　（4）ウ　（5）ウ　（6）エ　（7）ア　（8）イ

解説 経営戦略に関する問題である。PPM分析やSWOT分析など経営管理のための分析手法について理解しておく必要がある。

＜設問1＞

（1）（2）（3）（4）…PPM分析とは，Product Portfolio Management（プロダクト・ポートフォリオ・マネジメント）の略で，縦軸に市場成長率，横軸に市場占有率をとったマトリックスを作り，自社製品や事業を4つの象限に分類し，製品の構成を戦略的に決定する分析手法である。現状，利益を生み出している製品や事業はどれか，今後利益の中心とすべき製品や事業はどれかなどを分析し，今後の経営資源の投資戦略などを検討する。PPM分析の前提は以下のとおりである。

- 市場占有率の高い企業のほうが，低い企業よりもコスト面で有利＝利益を上げることができる。

- 製品や事業は，導入期，成長期，成熟期，衰退期の4つから構成される製品サイクルがある。4つの象限は右図のように分類されている。

- 花形……成長率が高く，占有率も高い。高シェアを維持し続けることで「金のなる木」へと育つ可能性があるが，シェアが低下すれば「負け犬」となる。

- 金のなる木……成長率は低いが，占有率は高い。これ以上の市場の拡大が見込めないため追加投資が必

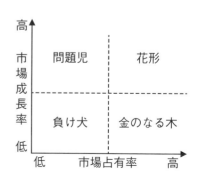

要でなく，シェアの高さから大きな利益が見込める。

・問題児……成長率は高いが，占有率は低い。占有率を高めることによって「花形」となる可能性があるが，シェアの低いまま成長率が鈍化すれば「負け犬」となる。

・負け犬……成長率，占有率ともに低い。市場占有率が低く，今後の市場成長率も見込めないため，将来的には撤退を検討する必要がある。

経営戦略では，「金のなる木」で得た利益を「問題児」に投入することで，自社製品を成長させる手法がある。市場占有率が低いものの市場成長率が高い市場であるため，市場占有率を高めることで「花形」になる可能性があり，そのため，積極的に投資を行うことで競争に勝つことが考えられるためである。

<設問2>

(5)(6)(7)(8)…SWOT 分析とは，強み（Strengths），弱み（Weaknesses），機会（Opportunities），脅威（Threats）の４つのポイントから市場を分析し，目標達成のための戦略を策定する分析手法である。組織の外部環境である機会（Opportunities），脅威（Threats）と，組織の内部環境である強み（Strengths），弱み（Weaknesses）とを評価・検討し，目標達成のための戦略を考える。外部環境には経済状況，技術革新，法令や規制，社会環境，文化などの変化が含まれ，そのうちの機会としては経済状況が良くなることや自社に有利な規制緩和，脅威としては他社の市場進出や自社に不利な規制緩和などが考えられる。また，内部環境には人的資源，財務状況，生産能力，商品やサービスそのものの価格，販売網などが含まれ，そのうちの強みとしてはコアコンピタンスや販売網の拡大，弱みとしては経営資源不足や人的資源不足などが考えられる。

内部環境	強み（Strengths）	コアコンピタンス，資本の増加，販売網の拡大など
	弱み（Weaknesses）	経営資源不足，人的資源不足，生産能力の低減など
外部環境	機会（Opportunities）	景気が良くなる，自社に有利な規制緩和など
	脅威（Threats）	景気が悪くなる，自社に不利な規制緩和など

●英字

106 キーボード···············38
109 キーボード···············38
16 進数······················14
1 次元配列···················27
2 次元配列···················27
2 進数······················12
2 値表現····················12
2 分木···················27, 28
2 分探索木··················28
3D セキュア················136
3D プリンタ·················42
4K·························41
8K·························41
8 進数······················14
8 ビットコード表············19
AAC························57
Act·······················181
ADSL······················63
AGP························48
AI························139
AND························17
Android····················51
AND 演算····················17
ANSI····················20, 48
API························50
AR························142
ARP························71
ARPANET····················60
ASCII コード················20
ATA························48
ATAPI······················48
ATM·······················143
AVERAGE 関数················96
AVI························57
BCC························79
BCP·······················158
BD·························43
BIOS·······················55
Bluetooth···················46
BMP························57
BPM·······················159
BPR·······················159
bps························37
B/s························37
BSC·······················168
BtoB······················150
BtoC······················150
C&C サーバ·················131
CA························135
CAD····················42, 151
CAD ソフト·················114
CAE·······················151
CALS······················152
CAM·······················151
CAT························67
CATV·······················62
CC·························79
CCD························39
CD·························43
CEO·······················159
CFO·······················159
CGI························77
Check·····················181
CIDR·······················73

CIM·······················151
CIO·······················159
CIS·························39
CMO·······················159
CMOS·······················39
CMY························42
CMYK·······················42
COO·······················159
Cookie·····················77
COUNTIF 関数···············101
COUNT 関数··················98
CPS···················152, 155
CPU························35
CRL·······················135
CRT························41
CSF·······················168
CSR·······················158
CTO·······················159
CtoC······················150
CUI························51
DAW·······················115
DAY 関数···················104
DDoS 攻撃··············131, 132
DFD························23
DHCP·······················71
DHCP サーバ·················74
DisplayPort コネクタ·········47
DMZ························68
DNS························71
DNS キャッシュポイズニング···132
DNS サーバ··················74
Do························181
dpi···················37, 39, 42
DSU························64
DTM ソフト·················115
DTP ソフト·················115
DVD························43
DVI コネクタ················47
DV 端子····················46
EAN コード··················39
EC························150
EDI·······················151
EEPROM·····················35
EOR························18
EOR 演算····················18
EOS·······················152
EPROM······················35
ERD························23
ESSID······················69
ETC·······················144
EUC························20
e-コマース·················150
E メール····················78
e-ラーニング···············149
FA························139
FD·························44
FireWire···················46
FLOPS······················37
FTP························71
FTP サーバ··················74
FTTH·······················61
Full HD····················41
FWA························62
GIF························57
GIS·······················144
GP-IB······················47
GPL·······················123
GPS·······················144

GUI····················50, 55
HaaS······················169
HCP························25
HDD····················42, 44
HDMI コネクタ···············47
HOUR 関数··················104
HTML···················74, 82
HTML メール·················79
HTTP·······················71
HTTPS······················71
HUB························66
Hz·····················36, 37
IaaS······················169
ICT··················118, 151
ID セレクタ·················86
IE························162
IEEE·······················68
IEEE1394···················46
IF 関数····················99
iLINK 端子··················46
IM························145
IMAP·······················70
INDEX 関数·················102
INT 関数····················98
iOS························50
IoT·······················142
IP·························70
IPv4·······················71
IPv6·······················71
IP-VPN·····················64
IPX/SPX····················69
IP アドレス·················71
IP 電話····················140
IP マスカレード·············68
IR························158
IrDA·······················46
ISBN コード·················40
ISDN 回線···················63
ISO························20
ISO 646····················20
ISP························60
ITF コード··················40
ITIL······················181
ITS·······················144
IT サービスマネジメント·······181
JAN コード··················39
JavaScript·················77
java アプレット·············77
JIPDEC····················124
JIS··················9, 20, 87
JIS X 0201··················20
JIS X 0208··················20
JIS X 8341··················87
JIS 漢字コード··············20
JIT·······················152
JPEG·······················57
JPNIC······················72
KJ 法······················22
KPI·······················168
LAN···················64, 139
LAN アダプタ················66
LAN カード··················66
LAN ケーブル················63
LAN コネクタ················47
LAN の形態··················65
LAN ボード··················66
LED························38
Linux······················51

M&A･･････････････････････171
macOS･･････････････････････50
MAC アドレス･･････････････69
MATCH 関数･････････････103
MAX 関数････････････････97
MBD････････････････････････152
MBSE････････････････････････152
MIDI･････････････････････････57
MID 関数･･･････････････････104
MIME･･･････････････････････71
MINUTE 関数･･･････････････104
MIN 関数････････････････････97
MIPS･･･････････････････････37
MONTH 関数････････････････104
Mosaic････････････････････････60
MOV･･････････････････････････57
MO ディスク･･････････････44
MP3･････････････････････････57
MPEG･････････････････････････57
MPU･････････････････････････35
MS-DOS･･･････････････････51
NAND････････････････････････18
NAND 演算････････････････18
NAPT･･･････････････････････68
NAT･･･････････････････････････68
NDA･････････････････････････172
NetBEUI･･････････････････69
NIC（Network Information
    Center）･････････････････72
NIC（Network Interface Card）
    ･････････････････････････････65
NOR･････････････････････････19
NOR 演算････････････････････19
NOT･････････････････････････18
NOT 演算････････････････････18
NS チャート･････････････････25
NTP･･･････････････････････････71
NULL 文字･････････････････27
n 進数････････････････････････14
OA･･･････････････････････････139
OCR･･････････････････････････40
OCSP･･･････････････････････135
OMR･････････････････････････40
OR･････････････････････17,162
OR 演算･･････････････････････17
OS･･･････････････････････････49
P2P････････････････････････････65
PaaS･････････････････151,169
PAD････････････････････････････25
PCI Express･･････････････48
PCI バス･････････････････････48
PCMCIA･･･････････････････66
PC カード････････････････････47
PC サーバ･･････････････････33
PC ワークステーション････････33
PDCA･･････････････････････159
PDCA サイクル･･･････････181
PDPC･･････････････････････166
PDS･････････････････････････123
peer to peer･･････････････65
ping･･････････････････････････82
PKI････････････････････････135
P/L･･･････････････････････････168
Plan････････････････････････181
PL 法･･･････････････････････173
PMBOK･･･････････････････174
PNG････････････････････････････57
POP･･････････････････････････70

POP before SMTP･･･････････80
POP サーバ･･･････････････74
POS システム･･･････39,152
PPM･･････････････････37,161
PPP････････････････････････････71
proxy サーバ･･･････････････74
PS/2････････････････････････46
QR コード･･･････････39,40
RAID･････････････････55,65
RAM･････････････････････････35
RANK 関数･･･････････････99
RDB････････････････････････112
RGB･････････････････････････41
RJ45･･････････････････････66
ROM････････････････････････35
ROUNDDOWN 関数･････････99
ROUNDUP 関数････････････99
ROUND 関数･････････････98
RPA････････････････････････156
rpm････････････････････････････37
SaaS･･････････････････151,169
SATA･･･････････････････････48
SCSI･･･････････････････････47
SECOND 関数････････････104
SMS････････････････････････145
SMTP･･･････････････････････70
SMTP サーバ･･･････････････74
SMTP 認証･･････････････････80
SNS･････････････････82,146
SNS 依存･･･････････････････120
SOA････････････････････････170
Society5.0･･･････････････154
SOHO･･････････････････････153
SPD･･･････････････････････････25
SQL インジェクション･･････132
SRAM････････････････････････36
SSD････････････････････････44
SSID･･･････････････････････69
SSL････････････････････71,136
SUMIF 関数･･･････････････100
SUM 関数･･････････････････96
SVGA････････････････････････41
SWOT 分析･･･････････････161
TA･････････････････････････････63
TCP･･････････････････････････70
TCP/IP････････････････60,69
Telnet････････････････････････71
TLS････････････････････71,136
UDP････････････････････････70
Unicode･･････････････････20
UNIX･･････････････････51,60
UPS･･･････････････････････････45
URL････････････････････････75
USB････････････････････････46
USB メモリ･･･････････････44
UV-EPROM･･･････････････35
UXGA････････････････････････41
VBA･････････････････････････90
VDT 症候群･･･････････････120
VGA･････････････････････････41
VGA コネクタ･･････････････47
VGA 端子･････････････････････47
VICS････････････････････････144
VLOOKUP 関数･･･････････101
VOD････････････････････････146
VR･････････････････････････142
VRAM････････････････････････36
W3C･･････････････････････････83

WAN･････････････････････････64
WAV･････････････････････････57
WBS････････････････････････174
Web カメラ････････････････39
Web サーバ･･････････････74
Web ブラウザ･･････60,75,114
Web メール･･･････････････82
WEP･････････････････････････69
Wi-Fi･･････････････････････69
Windows･･･････････････････50
WLL････････････････････････63
WPA･････････････････････････69
WWW･･･････････････････60,74
WWW サーバ･･････････････74
XGA･････････････････････････41
XOR･････････････････････････18
XOR 演算････････････････････18
XY プロッタ･････････････････42
YAC･････････････････････････25
YEAR 関数･･･････････････104

●和文

【あ】

アウトソーシング･･･････････171
アクセス権･････････････133,134
アクセス制御･･･････････････134
アクセスポイント･･････････63
アクティブセル･･･････････････91
アジャイルタイプ･･･････････181
アスキー･･･････････････････････20
圧縮技術････････････････････56
アップデート･･･････････････54
アップロード･･･････････････78
宛先･･･････････････････････････79
アドウェア･･･････････････････131
アドレス帳･････････････････81
アナログ･･･････････････････････12
アナログ回線････････････････63
アナログ情報･･････････････････12
アナログ信号･････････････････12
アプリ････････････････････････49
アプリケーションソフト･･･････90
アプリケーションソフトウェア･･49
アメニティ････････････････････58
アライアンス････････････････171
アルゴリズム･･･････････････24
アローダイヤグラム････････166
アンインストール･･････････54
アンケート調査･･･････････････21
暗号化･･･････････････････････134
暗号技術･･･････････････････134
アンパサンド（&）演算子････････95
意思決定････････････････････23
意匠権･･･････････････････････121
違法サイト･････････････････122
違法・有害情報･････････････119
イメージスキャナ･･････････39
インクジェットプリンタ･･････41
印刷･･･････････････････108,111
印刷画質････････････････････42
印刷範囲････････････････････108
インストール･･･････････････53
インダストリアルエンジニアリン
    グ････････････････････････162
インターネット････････････11,60
インターネット依存････････120
インターネットオークション････150

インターネットゲーム障害·······120
インターネット電話·············140
インタビュー·················21
インタフェース···············45
イントラネット···············140
インパクトプリンタ···········41
ウイルス···················130
ウェアラブルコンピュータ·······142
ウォータフォールモデル·········180
受け入れテスト···············180
請負契約···················172
エクストラネット·············140
エルゴノミクス···············58
エルゴノミクス機器···········58
エレクトロニックコマース·······150
遠隔医療···················149
円グラフ················105,165
演算回路···················35
演算装置···················35
応用ソフトウェア·············49
お気に入り·················76
オーサリング···············114
オーサリングソフト···········114
オートフィルタ···············107
帯グラフ···················105
オフィスオートメーション·······139
オプトアウト···············127
オプトイン·················127
オープンシステム·············34
オープンソース···············51
オープンソースソフトウェア···123
オペレーションズリサーチ·······162
オペレーティングシステム·······49
重み·····················13
折れ線グラフ············105,165
音声・音楽用のファイル形式·······57
オンデマンド配信サービス·······146

【か】

回帰直線···············105,165
会計·····················166
改善·····················181
階層型組織·················160
階層の構造·················52
解像度················41,42
快適性···················58
解凍·····················57
開発モデル·················180
外部インタフェース···········46
外部設計···················177
鍵·······················134
可逆圧縮···················57
拡張UNIXコード·············20
拡張現実···················142
確率的モデル···············23
カスケード接続···············66
画素·····················37
仮想記憶···················50
仮想現実···················142
画像編集ソフト···············114
カッティングプロッタ·········42
家庭用ゲーム機···············34
カテゴリ···················67
カテゴリ検索···············76
カーナビゲーションシステム···143
金のなる木·················161
株式会社···················157
下方管理限界···············165

加法混色方式···············41
カレントセル···············91
カレントディレクトリ·········52
関数··················90,95
ガントチャート···············166
カンパニー制組織·············160
管理図···················165
偽·······················17
記憶装置················35,51
機械学習···················141
機器の接続·················45
機器の破損や故障·············130
企業·····················157
企業活動···················157
企業の社会的責任·············158
企業理念···················157
木構造···················28
機種依存文字···············125
気象予報システム·············143
基数·····················13
揮発性···················35
キーボード·················37
基本3構造·················24
基本四情報·················124
基本ソフトウェア·············49
キャッシュフロー計算書·······168
キャッシュメモリ·············36
キャッシュレス決済···········146
ギャランティ方式·············64
行·······················91
共通鍵···················134
共通鍵暗号方式···············134
共同企業···················157
業務計画···················162
業務分析···················162
キーロガー·················131
記録メディア···············141
キーワード検索·············76
銀行窓口システム·············143
クッキー···················77
クライアント·············34,65
クライアントサーバ型·········65
クライアントサーバシステム
······················34,150
クラウドコンピューティング···151
クラウドサービス·············169
クラスセレクタ···············85
クラッカー·················61
クラッキング············64,119
グラフ··················104,165
グラフ機能·················90
繰返し···················24
グリーンIT·················158
グループウェア···············82
グレア···················58
クロスサイトスクリプティング
······················132
クロスサイトリクエストフォージェ
リ······················132
クロック周波数···············36
グローバルIPアドレス·········73
グローバル化···············118
グローバルパブリックライセンス
······················123
経営管理···················159
経営資源···················159
経営マネジメント·············168
計画·····················181

継続企業の前提···············168
携帯電話···················33
系統図···················162
結合··················112,113
結合テスト·················179
決算·····················157
決定木···················22
決定表···················22
ゲートウェイ···············68
ケーブル···················66
ケーブルテレビ···············62
ケーブルや配線の取り扱い·······58
ゲーム中毒·················120
検索エンジン···············76
検索サイト·················76
現状調査···················21
減法混色方式···············42
原本性···················135
件名·····················79
ゴーイングコンサーン·········168
公開鍵暗号方式···············134
公開鍵基盤·················135
公企業···················157
工業所有権·················121
合資会社···················157
公私合同企業···············157
公衆送信権·················122
降順·····················106
構造化チャート···············25
構造化プログラミング理論·······24
構造モデル·················23
合同会社···················157
合名会社···················157
国際標準化機構···············20
個人企業···················157
個人情報···················124
個人情報保護法············124,126
コストマネジメント···········174
五大装置···················35
コーポレートガバナンス·······158
コミュニケーションマネジメント
······················175
コワーキング···············153
コンカレントエンジニアリング
······················151
コンピュータ···············11,32
コンピュータウイルス·········130
コンピュータやネットワークの悪
用······················118

【さ】

在宅学習···················149
在宅勤務···················153
サイバーテロ···············119
サイバー犯罪···············118
サイバーフィジカルシステム···152
作業分解図·················174
座席予約システム·············143
サーチエンジン·············76
サテライトオフィス勤務·······153
サーバ················34,65,74
サーバ用OS·················64
サービスサポート··········181,182
サービス指向アーキテクチャ···170
サービスデリバリ·············182
サービスマネジメント·········181
サブディレクトリ·············52
サブネットマスク·············73

サポートデスク……………………182
産業財産権…………………………121
サンドイッチテスト………………179
散布図…………………………105,164
シェアウェア………………………123
式………………………………………90
私企業………………………………157
事業部制組織………………………160
資源マネジメント…………………175
システムインテグレーション…170
システム開発………………………176
システム設計…………………24,177
システムテスト……………………179
システム導入………………………180
システムフローチャート…………25
下請法………………………………172
実行…………………………………181
実体関連モデル………………………23
室内の環境設定………………………58
実用新案権…………………………121
シフトJISコード……………………20
シミュレーション……………………23
シミュレータ…………………………23
射影……………………………112,113
ジャストインタイム生産方式…152
社内ベンチャー……………………160
集中処理方式………………………150
周辺装置…………………………35,37
重要業績評価指標…………………168
主記憶装置……………………………35
受信……………………………………80
出力関連機器…………………………41
出力装置………………………………35
守秘義務……………………………172
守秘義務契約………………………172
主要成功要因………………………168
準委任契約…………………………172
順次……………………………………24
ジョイスティック……………………39
条件式…………………………………90
昇順…………………………………106
肖像権………………………………122
商標権………………………………121
情報……………………………………9
情報格差……………………………120
上方管理限界………………………165
情報資産……………………………128
情報システムの開発手順…………24
情報社会の特徴……………………118
情報社会の問題点…………………118
情報セキュリティ……………118,128
情報の収集……………………………21
情報の信ぴょう性…………………119
情報の単位……………………………12
情報の特性……………………………10
情報バリアフリー…………………141
情報メディア……………………11,141
情報モラル……………………118,123
情報リテラシー…………………10,120
照明カバー……………………………58
職能別組織…………………………160
ショルダーハッキング……………129
シリアルATA…………………………48
シリアル転送方式……………………46
資料調査………………………………21
真………………………………………17
シングルタスク………………………51
人工知能……………………………139

深層学習……………………………141
真理値…………………………………17
親和図………………………………163
スイッチングHUB……………………66
数式……………………………………90
数式モデル……………………………23
数値……………………………………90
スキャンディスク……………………54
スケジュールマネジメント………174
スコープマネジメント……………174
スタイルシート………………………85
スタンドアローン…………………139
ステークホルダ……………………173
ステークホルダマネジメント……175
ストリーミング………………………74
ストリーミングサーバ………………74
スパイウェア………………………131
スパイラルモデル…………………180
スパゲッティプログラム……………25
スーパーコンピュータ………………33
スプリッタ……………………………62
スマートフォン………………………33
スマホ決済…………………………153
制御装置………………………………35
静止画のファイル形式………………57
青少年インターネット環境整備法
……………………………………127
製造物責任法………………………173
生体認証……………………………133
静的モデル……………………………23
セキュリティソフト………………136
セキュリティパッチ………………132
セクタ…………………………………43
セグメント……………………………67
絶対セル番地……………………92,93
絶対パス………………………………52
セル………………………………90,91
セル生産方式………………………152
セルの書式設定………………………95
セルポインタ…………………………91
セレクタ………………………………85
ゼロディ攻撃………………………132
センサ………………………………139
選択……………………………24,112,113
相関…………………………………164
相関関係……………………………164
送信……………………………………80
相対セル番地…………………………92
相対パス…………………………52,53
添字……………………………………27
ソーシャルエンジニアリング……129
ソート………………………………106
外枠…………………………………109
ソフトウェア詳細設計……………178
ソフトウェアの設定…………………53
ソリューション……………………168
損益計算書……………………158,168
損益分岐点…………………………167

【た】
第1セクター………………………157
第2セクター………………………157
第3セクター………………………157
貸借対照表……………………158,167
ダイヤルアップ接続…………………63
ダウンサイジング…………………139
ダウンロード…………………………77
多機能プリンタ………………………41

タグ………………………………82,83
たこ足配線……………………………58
タスク管理……………………………50
タッチパッド…………………………38
タッチパネル……………………38,143
タブレット型パソコン………………32
ターミナルアダプタ…………………63
単体テスト…………………………178
断片化…………………………………55
チェックシート……………………165
チェックディスク……………………54
チェックディジットコード…………40
チェックボックス……………………56
逐次制御………………………………36
知的財産……………………………120
知的財産権…………………119,120,121
チャット………………………………82
中央処理装置…………………………35
超スマート社会……………………154
調達マネジメント…………………175
著作権………………………………121
著作財産権…………………………122
著作者人格権………………………122
著作隣接権…………………………122
ツイストペアケーブル………………66
通信規約………………………………69
通信メディア………………………141
積上げ棒グラフ……………………104
ツリー…………………………………28
出会い系サイト規制法……………127
ディシジョンツリー…………………22
ディシジョンテーブル………………22
ディジタル……………………………12
ディジタルカメラ……………………39
ディジタル情報………………………12
ディジタル署名……………………135
ディジタル信号………………………12
ディジタルデバイド………………120
ディジタルデモクラシー…………149
デイジーチェーン……………………48
ディスクロージャ…………………158
ディスプレイ…………………………41
停電…………………………………130
ディープラーニング………………141
ディレクトリ……………………51,52
ディレクトリ型………………………76
ディレクトリツリー…………………52
ディレクトリトラバーサル………132
ディレクトリパス……………………52
テキストボックス……………………56
テクノストレス……………………120
テザリング……………………………62
デジタルサービスユニット…………63
デスクトップ型パソコン……………32
テスト………………………………178
データ…………………………………9
データウェアハウス………………170
データ構造……………………………27
データセンタ………………………169
データフローダイヤグラム…………23
データフローチャート………………25
データベース………………………112
データベース機能……………………90
データマイニング…………………170
データマート………………………170
デバイスドライバ……………………45
デフラグ………………………………55
デフラグメンテーション……………55

テーブル……………………112
テレビ会議システム…………149
テレワーク……………………153
電荷結合素子…………………39
テンキーボード………………38
電子計算機使用詐欺罪………126
電子計算機損壊等業務妨害罪…126
電子自治体……………………148
電子商取引……………………150
電子消費者契約法……………127
電子署名………………………135
電子署名法……………………126
電子透かし……………………136
電子政府………………………148
電子タグ………………………153
電磁的記録不正作出および供用罪
……………………………126
電子認証………………………135
電子マネー……………………150
電子メール……………………78
伝達メディア…………………141
添付ファイル…………………80
同一性保持権…………………123
動画のファイル形式…………57
動画編集ソフト………………115
統合マネジメント……………174
到達主義………………………127
動的モデル……………………23
特性要因図……………………165
特定電子メール法……………126
特例有限会社…………………157
度数分布表……………………164
特許権…………………………121
ドット…………………………37
トップダウンテスト…………179
ドメイン名……………………72
ドライアイ……………………120
ドライバソフト………………45
ドライブ………………………51
ドライブ名……………………51
トラック………………………43
トラックバック………………81
トラッシング…………………129
トランザクション処理………113
トレーサビリティ……………153
トロイの木馬…………………131
ドロー系ソフトウェア………114

【な】

内部インタフェース………46,48
内部設計………………………177
流れ図…………………………25
ナノ……………………………37
並べ替え………………………106
なりすまし……………………129
日本語 EUC……………………20
日本産業規格…………………9,87
入力関連機器…………………37
入力装置………………………35
認証……………………………133
認証局…………………………135
熱転写プリンタ………………41
ネット依存……………………120
ネット犯罪……………………118
ネットワーク…………………60
ノード…………………………28
ノート型パソコン……………32

【は】

バイオメトリクス……………133
背景……………………………110
排他制御………………………113
排他的論理和…………………18
ハイテク犯罪…………………118
バイト…………………………13
バイト/秒………………………37
配列……………………………27
パケット………………………70
パケット伝送…………………70
バーコード……………………152
バーコードリーダ……………39
バス……………………………46
パス……………………………52
バズセッション………………21
パスの指定……………………52
パスワード…………………65,133
パソコン……………………11,32
パソコンの環境設定…………54
パーソナルコンピュータ……32
パターンファイル……………136
バックアップ…………………65
バックドア……………………131
発光ダイオード………………38
発信主義………………………127
ハードディスク………………42
ハードディスク最適化………55
花形商品………………………161
パピルス………………………11
ハブ……………………………66
パブリシティ権………………122
パブリックドメインソフト…123
パラレル転送方式……………46
バランス・スコアカード……168
バリアフリー…………………141
バリューエンジニアリング…168
パレート図……………………164
範囲……………………………95
汎用コンピュータ……………33
ピアツーピア型………………65
ヒアリング……………………21
非可逆圧縮……………………57
光ファイバケーブル…………67
ピクセル………………………37
ピコ……………………………37
ビジネスモデル………………118
ビジョン………………………168
ヒストグラム…………………164
ビッグデータ…………………142
ビッグバンテスト……………179
ビット…………………………13
否定……………………………18
否定論理積……………………18
否定論理和……………………19
ヒープ…………………………28
秘密鍵…………………………134
秘密保持契約…………………172
ヒューマンインタフェース…55
ヒューマンエラー……………129
費用……………………………166
評価……………………………181
表計算ソフト…………………90
表現メディア…………………141
表作成機能……………………90
表の並べ替え…………………106
品質マネジメント……………174

ファイアウォール…………68,134
ファイル………………………52
ファイル管理…………………49
ファイル形式…………………56
ファイルシステム……………51
ファイルの転送………………77
ファクトリーオートメーション
……………………………139
ファシリティマネジメント
………………………181,182
フィッシング…………………128
フィッシング詐欺…………61,118
フィルタ………………………106
フィルタリングソフト………136
フィールド……………………112
フェーズ………………………173
フォーマット………………54,95
フォルダ………………………51
不揮発性………………………35
復号……………………………134
複合機…………………………41
複製権…………………………122
不正アクセス…………………132
不正アクセス禁止法…………126
不正競争防止法………………121
不正侵入………………………130
ブックマーク…………………76
フッタ………………………108,111
ブート…………………………55
プライバシー権………………124
プライバシーマーク…………124
プライベート IP アドレス……73
プライベートネットワーク…140
ブラウザ……………………60,75
プラグアンドプレイ…………45
プラグイン……………………76
フラグメンテーション………55
ブラックボックステスト……178
フラッシュメモリ…………35,44
プラッタ………………………42
プリインストールソフト……53
フリーソフト…………………123
ブリッジ………………………67
プリンタ………………………41
フルカラー……………………41
プルダウンメニュー…………55
ブルートフォース攻撃………131
プレゼンテーションソフト…114
ブレーンストーミング………21
ブログ…………………………81
プログラミング………………178
プログラム開発………………24
プログラム記憶方式…………36
プログラム設計………………178
プログラムの構造……………24
プロジェクト…………………173
プロジェクトスポンサ………173
プロジェクト組織……………160
プロジェクトマネジメント…173
プロジェクトマネージャ……173
プロジェクトメンバ…………173
プロジェクトリーダ…………173
プロダクト・ポートフォリオマネジ
メント………………………161
フローチャート………………25
フローチャートの記号………26
プロッタ………………………42
フロッピーディスク…………44

フロップス…………………………37
プロトコル………………………69
プロトタイプモデル……………180
プロバイダ責任制限法…………127
分散システム……………………34
分散処理方式……………………150
米国規格協会……………………48
米国電気電子技術者協会………68
ペイント系ソフトウェア………114
ページスタイル…………………109
ページ設定………………………108
ベストエフォート方式…………64
別シートの参照…………………95
ヘッダ………………………108,110
ヘルツ…………………………36,37
ヘルプデスク……………………182
返信………………………………80
ポインタ…………………………27
ポインティングデバイス………38
棒グラフ……………………104,165
補助記憶装置…………………35,42
補助単位…………………………36
ホスト名…………………………75
ボタン……………………………56
ボット……………………………131
ホットスポットサービス………82
ホットプラグ……………………45
ポップアップメニュー…………56
ポート……………………………66
ボトムアップテスト……………179
ホワイトボックステスト………178
本人確認…………………………135
本文………………………………79

【ま】

マイクロ…………………………37
マイクロ HDMI 端子……………47
マイクロコンピュータ…………32
マイクロプロセッサ……………139
マイコン…………………………32
マイコン制御……………………139
マイナンバー制度………………148
マウス……………………………38
マクロ機能………………………90
負け犬……………………………162
マトリックス図…………………163
マトリックス組織………………160
マトリックスデータ解析………163
マルウェア………………………61

マルチタスク……………………50
マルチプログラミング…………50
マルチメディア……………11,56
ミッション………………………168
密着イメージセンサ……………39
ミップス…………………………37
ミニ D-Sub 15 ピン……………47
ミニ HDMI 端子…………………47
ミリ………………………………37
無線 IC タグ……………………153
無線 LAN…………………………68
無停電電源装置…………………45
迷惑メール防止法………………126
メインフレーム…………………33
メインメモリ……………………35
メディア…………………………11
メディアリテラシー……………119
メニューバー……………………55
メモリカード……………………44
メモリ管理………………………50
メーラ………………………78,114
メーリングリスト………………81
メールアドレス…………………78
メールサーバ……………………74
メールソフト………………78,114
面接調査…………………………21
文字コード………………………19
文字化け…………………………75
文字列……………………………90
モデム……………………………63
モデル化…………………………23
モバイルコンピューティング…154
モバイルワーク…………………153
モラルハザード…………………123
問題児……………………………161
問題の整理………………………23
問題の分析………………………22

【や】

有機 EL ディスプレイ…………41
ユーザ ID……………………65,133
ユーザインタフェース…………55
ユーザインタフェースの提供……50
ユーザ登録………………………54
ユーザ認証………………………80
ユニバーサルアクセス…………141
ユニバーサルデザイン…………141
要件定義…………………………176
要素名……………………………85

【ら】

ラジオボタン……………………56
ランサムウェア…………………131
利益率……………………………167
リスクマネジメント……………175
リスタート………………………55
リスト……………………………27
リスト攻撃………………………131
リスト構造………………………27
リストボックス…………………56
リセット…………………………55
リバースエンジニアリング……181
リピータ…………………………67
リピータ HUB……………………66
リブート…………………………55
リレーショナル型データベース
………………………………112
リレーションシップ……………112
ルータ……………………………67
ルート……………………………28
ルートディレクトリ……………52
ルーパ……………………………58
レコード…………………………112
レーザプリンタ…………………41
レーダーチャート……………106,165
列…………………………………91
連関図……………………………162
労働基準法………………………171
労働者派遣契約…………………172
労働者派遣法……………………171
ローカルエリアネットワーク…64
ロット生産方式…………………152
ロボット型………………………76
ロングテール……………………162
論理演算…………………………17
論理回路…………………………35
論理積……………………………17
論理和……………………………17

【わ】

ワークシート……………………90
ワークステーション……………33
ワープロソフト…………………114
ワーム……………………………130
ワールドワイドウェブ…………60
ワンストップサービス…………148
ワンタイムパスワード…………133

●本書と関連書籍の紹介を web サイトでご覧いただけます。

https://www.jikkyo.co.jp/ で

「情報検定」あるいは「J検」を検索してください。

■監修

一般財団法人 職業教育・キャリア教育財団

■執筆

岩井　宏　静岡福祉大学

太田信宏　文教大学

齋藤裕美　多摩大学

●本書に関するご質問，ご不明点につきましては，書店・該当ページとご質問内容を明記のうえ，FAX または書面にてお送り願います。なお，ご質問内容によっては回答に日数をいただく場合もございます。また，ソフトウェアの機能や操作方法に関するご質問にはお答えできませんので，あらかじめご了承ください。

FAX：03-3238-7717

●表紙デザイン──難波邦夫

文部科学省後援

情報検定
情報活用試験 2 級公式テキスト

2020 年 3 月 10 日　初版第 1 刷発行
2024 年 5 月 10 日　　　第 4 刷発行

●執筆者　岩井　宏　ほか 2 名（別記）
●発行者　小田良次
●印刷所　壮光舎印刷株式会社

無断複写・転載を禁ず

●発行所　実教出版株式会社
〒102-8377
東京都千代田区五番町 5 番地
電話［営　　業］(03)3238-7765
　　　［企画開発］(03)3238-7751
　　　［総　　務］(03)3238-7700
https://www.jikkyo.co.jp/

ISBN 978-4-407-34881-1　C3004

Printed in Japan